だいわ文庫

ニューヨークの女性の「自分を信じて輝く」方法

エリカ

大和書

はじめに――大きな心で大きく生きる

あの人の輝きや自信はいったいどこから？　私も自分に自信を持って、輝きながら生きたい。でもどうすればいいのかわからない……。

自分を輝かせるために大切なことは、「人と比較しない」ことです。自分と他人を「天秤ばかり」に乗せないこと。

たとえば、キラキラ輝いている人を見かけたとき、「わ～素敵な人。私もあんなふうに輝きたい！」とポジティブにとらえれば、自分にプラスに作用します。しかし、自分の心の中に「天秤ばかり」を持っている人は、いつも自分が片側のお皿の上に乗っているので、目の前に現れた相手を反対側のお皿の上に乗せ、どちらが重いか無意識のうちにはかり、一喜一憂します。

この「天秤ばかり」があなたの中にある限り、あなたは自分らしく輝けません。そして劣等感やコンプレックスを引っ張りこむ原因にもなってしまいます。

自分を信じて輝いている人は、人との比較をしません。心の中に「天秤ばかり」がないのです。自分の評価は他人がするものではなく、自分でするものだと知っている、自己評価のできる人でもあります。

たとえば、こんなにがんばっても誰からも評価されないと肩を落とし、他人からの評価でいつも自分に点数をつける人と、自分のがんばりを自分で褒めて評価する人。どちらの人に輝きや自信を感じますか？　後者ですよね？

あなたを輝かすことができるのは、あなた自身なのです。目先の小さなことに惑わされ、小さく生きるのではなく、もっと大きな心で大きく生きましょう。

人は誰でも、長所と短所、優れた点と劣る点があります。地球には海と陸があり、空には光と闇がありますよね。すべてのものはバランスが取れているものです。

もしあなたが、自分に自信が持てないとしたら、それはバランスよく自分を見ていないからです。自分の劣る部分ばかりにフォーカスせず、優れた部分にこそフォーカスしてみましょう。コンプレックスに感じる部分ばかりに意識を集中せず、チャーミングな部分をたくさん見つけて磨いてみましょう。こんな小さなことを意識して変えてみるだけで、大きな変化が必ず現れますよ。

ニューヨークには、自分を信じて、自分の人生を自分らしく生きている人がたくさんいます。

私はそんな彼らの強く凛《りん》と生きる姿勢から、自分を信じて、自分らしく輝きながら生きる方法を学んできました。人と比べて自分が劣っているのか、優れているのかなど考えたこともありません。年齢の割にいけているのか、ダメなのかも考えたことはありません。そんなことは私にとってどうでもいいことなのです。大切なのは、自分らしく自分の夢に向けて輝きを忘れず歩み続けているかどうかだけなのです。

ゴージャスなまぶしい輝きを放つ人よりも、小さくても自分の努力や信念を持って、自分の力で、自分らしく輝いている人のほうが美しいものです。人工的なプラスチックの輝きではなく、誰の心をも温かく包み込むような、自分だけの輝きを秘めた人を目指していきましょうね！

第1章 ニューヨークの女性は「幸せになる！」と自分で決める

第2章

何度でも、新しい自分に生まれ変わる

第3章

ニューヨークの女性は「自分を美しく見せる」コツを知っている

第４章

「どんなことにもへこたれない」のが世界基準の美しさ

第5章
ニューヨークの女性は人生をとことん楽しみ尽くす

第6章

何があっても「自分をまるごと信じて」生きる

第1章

ニューヨークの女性は「幸せになる!」と自分で決める

幸せは、ドアをノックして入ってこない

「バキッと音はするけれど、扉が開かないのよ」

そう言いながら、化粧室から神妙な顔でテーブルに戻ってきた友人のアシュリー。

「バキッ？」その音の表現に嫌な予感を抱きながら、「ちょっと失礼、すぐ戻るから」と友人たちに声をかけ、アシュリーの後に続きました。


この日はアシュリーがダウンタウンにミーティングに来るというので、彼女の好きなカクテルが楽しめるソーホーの隠れ家バーに友人４人で集まりました。

薄暗い店内にたくさんのキャンドルが灯り、モロッコ調の窓枠やシャンデリアがエキゾチックな雰囲気を漂わせている大人の空間です。長いカウンターテーブルにはカップルが数組、お互いを尊重するように距離を置いて座り、静かな音楽の流れる店内でカクテルを楽しみながら、話に花を咲かせていました。

化粧室の扉の前で「エリカ、この扉が開かないのよ。見ててね」と、力を込めて押すアシュリー。「あ〜っ！」と声を張り上げる私を気にせず、もう一度、全体重をかけて扉を押すと、バキバキッとすごい音とともに、扉が内側に倒れてしまったのです。「Ashley, it's a sliding door!（アシュリー、これは引き戸よ！）」と叫ぶ私の声と同時に、その音を聞きつけたウエイターさんが飛んできました。「Oh my goodness!（なんてこと！）」と頭を抱えるアシュリーの脇には、怪力で破壊した扉が見事に化粧室側に倒れかかっています。「大丈夫ですか？」というウエイターさんの問いかけに、アシュリーは肩を落として「I'm OK……」と答え、反対側にあるもうひとつの化粧室の引き戸を開けて入っていきました。

席に戻ると、「で、扉は開いたの？」と問いかける友人たちに、力ずくでドアを押した真っ赤な手の平をキャンドルの明かりに照らして見せながら、ドア事件を語るアシュリー。その晩は遅くまで大笑いの楽しい夜となりました。

笑顔でとにかく一歩を踏み出す

幸せになりたければ、自らアクションを起こすことが大切です。自分で扉を開け、入っていかなくては幸せはつかめません。

目の前にある扉がどんな扉だったとしても、開くのを待たず、自分で開けて入ろうとする「強さ」と「勇気」を持ちましょう。勝手に開けてもいいのか、とがめられたらどうしようなどと、まだ起きていないことをあれこれ心配する必要はありません。最悪のシナリオを自分で書くのはやめましょう。これは、一歩進もうとしている自分を自分で引き留めているのと同じことです。

たとえば婚活中の方であれば、家を一歩出ない限り出会いはありませんよね。「幸せになりたい」という願望を抱きながら自宅のソファに座っていても、幸せは家のドアをノックして入ってきてはくれないのです。

就職活動や大切な会議など、どんなことでも同じです。会場の扉を開け、一歩中に入ることが、結果につながる道です。ダメかもしれない、きっとまたダメだ、と最初から最悪のケースを考え自分を洗脳するのはやめましょう。そんな気持ちで扉の前に立っているあなたは、誰が見ても自信のない人になってしまいます。

不安の虫が顔を出しそうになったら、するべきことはただひとつ。自分を信じることです。この日のためにどんなにがんばってきたのか、自分が一番よく知っているはずです。

今から会う人があなたを評価する前に、自分で自分を高く評価しましょう！ そして、世界中を明るくするほどの笑顔をたずさえ、会場の扉を開けるのです。

笑顔は自信とゆとりの象徴です。大きく深呼吸をし、口角をキュッと上げて、ほっぺたの筋肉が持ち上がるのを意識して微笑んでみましょう。そして「絶対大丈夫！」と自分に声をかけましょう。

私も大切な会議やプレゼンテーションの前には必ずこうしています。たとえ悪い結果になっても、それは貴重な経験のひとつです。決してお布団にくるまって号泣する出来事でも、自信喪失する出来事でもありません。

自分の価値を自分で下げない。どんなときもポジティブポジティブです。

目の前に扉がある限り、自ら開けて一歩中に入り続けることが夢に近づく道です。
あなたも今日から、自分で扉を開けて中に入る強さと勇気を育みましょう。
幸せになるためには、一にも二にも行動です！

幸せは、自分の足でつかみにいく。

素晴らしい1週間にしたいなら、日曜日の午前中にこだわる

日曜日の朝、ニューヨークの街では、トレーニングウエアに身を包んだ人をたくさん見かけます。ランニングをしている人、自転車に乗っている人、ジムに向かう人、ヨガマットを抱えている人。見ているだけで清々しい気持ちになる朝の光景です。

私も日曜日の朝は、空手のお稽古《けいこ》。どんなに眠たくても、飛び起きて稽古に向かいます。

翌日が休みだと思うと、夜ふかしが楽しいものですよね。観損《そこ》ねていた映画をまとめて観たり、夜遅くまで友人たちと食事をしたり。

24時間眠らない街に住むニューヨーカーも同じです。翌日を気にせず土曜日の夜を思いっきり楽しみます。その代わり、日曜日の朝は目が覚めるまで眠るのではなく、いつも通りに起床し、トレーニングウエアに袖《そで》を通し、午前中を運動の時間に充《あ》てる

人が多いのです。新しく始まる1週間に自分で「喝《かつ》！」の「朝喝」です。

友人のエレーナは、二人の男の子のママです。平日は働き、土曜日は子どもたちをベビーシッターに預けて旦那さまとデート。そして日曜日の朝は、子どもたちをランニング用の三輪ベビーカーに乗せ、旦那さまとセントラルパークでランニングを楽しむライフスタイルを大切にしています。

臨月でもランニングを楽しんでいたエレーナにとって、日曜日の朝の家族四人でのランニングは、貴重なスキンシップの時間だそうです。土曜日の夜遊びの疲れを吹き飛ばし、体調を整え、新しく始まる1週間へのエネルギーチャージにもなると教えてくれました。

ゆったりする時間は午後にもうける

日曜日の朝、目が覚めた時間に起床し、テレビを観ながら朝食をとる。時計を見ると、もうすでにお昼近く。午前中はゆっくりしたものの、特に疲れがとれたという実感はほとんどなく、なんだか気《け》だるい気分に包まれて1日が終わったということはありませんか？

ゆったりする時間は午後に移動させ、午前中は気分がシャキッとすることに充てましょう。

甘やかすときはゆる～りと甘やかす、厳しくするときはビシッと厳しくする。こんなふうにメリハリをつけると、心身ともに引き締まり爽やかな気分でいられます。

あなたの24時間はあなたが消費するものであり、どう過ごそうと他人が意見しにくい部分です。だからこそ、自らを振り返りながら、さらに心地よく過ごすためにはどうすべきかを考えることは、大切なのですよね。

いつも輝いてはつらつと元気な人は、何かしらの運動を取り入れ、リフレッシュする時間を大切にしています。

特にニューヨークの人々は、日曜日の時間の使い方が上手です。運動していい汗をかいた後に、のんびりショッピングを楽しみ、おいしいブランチをいただく。ゆったりした午後を過ごし、翌日から始まる1週間に備えて早めに就寝する。すると月曜日の朝は目覚めもよく快調です。週明けからいきなり疲れている人がいますが、そのような人の心境とは無縁の心地です。

素晴らしい1週間にする秘訣は、日曜日の午前中の使い方にあります。

いつもと同じ時間に起き、トレーニングウエアに着替えて近所を1時間散歩してみるだけでも、その後にいただく朝食は格別においしく感じます。好きな音楽を聴きながら、速足で汗が出るくらい歩いてみるのもいいものです。家に帰りシャワーを浴びたら、気分はシャキッと引き締まります。ぜひ、試してみてくださいね。

日曜日の朝は、運動して気分をリフレッシュさせる。

近道を探すよりも「今すべきこと」に尽力する

秋色に染まるセントラルパークを眺めるために、毎年同じ時期に訪れるメトロポリタン美術館。受付で入場料を払い、受け取ったバッジを胸につけ、豪華絢爛《ごうかけんらん》な美術品を横目に直行する場所は、5階のルーフトップ（屋上）です。春から秋まで期間限定でオープンしているルーフトップからは、美術館横に大きく広がるセントラルパークが一望できるのです。

そこにあるカフェで白のグラスワインを買い、爽やかな秋晴れの空の下で、ベンチに腰掛けます。セントラルパークをはじめマンハッタンの高層ビル群、ニューヨークを象徴する美しい建造物「サン・レモ」アパートメントを眺めるひとときは、心身ともにリフレッシュできる最高の時間です。

毎年同じ頃に同じ場所で過ごすという方法は、1年を振り返るおすすめの時間の過

ごし方です。

私がここに持参するのは、前年のスケジュール帳。そこには去年この場で何を感じ、何を考えたのかが綴《つづ》られています。当時から考えると「今」は未来の地点。未来は果たしてどうなったのか、夢につなげるためにこの1年間に何をしたのかを、検証してみるわけです。


私たちは未来に向かって生きています。その未来に「夢や目標」があれば、さらに力強く生きていけます。夢の実現のためにするべきことを考え、実行しながら歩む日々は、着実に目指す地点に近づいていることを実感させてくれます。

一方、「夢や目標」はあるけれど、それに近づくために「今何をすべきか」を見過ごし、何もせずに夢のゴールばかりに気を取られていては、なかなか近づくことができません。

たとえば、マラソンを完走したいのであれば、完走するためのトレーニングが大切ですよね。持久力をつけるための努力をせずにゴールの瞬間ばかりを夢見ていても、そのときはやってきません。

最悪の環境こそ最高の学びの場

夢につなげるために必要なのは、「知識・経験・創造」です。

たくさんの知識と経験は創造する力となり、夢の実現へとつながっていきます。今すべきことは、たくさんの「知識と経験」を得る努力をし、そこから学ぶことです。

知識と経験は、最高の環境のみならず、最悪の環境からも学びとることができます。

もし、あなたの置かれている状況が、あなたにとって「最悪」ならば、逃げ出すことや心を閉ざして周りをはねのけることに力を注ぐよりも、そこから何かを学びとることに集中しましょう。つらく厳しい経験は、前進する力、創造する力を養ってくれるありがたいものです。

知識は書物や人の話からも得られますが、実際に経験して感じとったり、学んだりした中から得た知識のほうがはるかに強いのです。

私自身も、日本とアメリカとの2国間で、たくさんのことを経験してきました。特に日本で働いていたときのことは、今となってはとても貴重な経験です。

私のいたポジションに上司好みの別の女性社員を配属するため、理不尽にも出向させられ、人生最悪のお先真っ暗になったことがあります。しかし、必ずや戻ってみせると炎を燃やし、以前より高いポジションに返り咲きました。

また、社員の査定を行う管理職を集めた研修会を担当した際、「小娘が教えるリーダーの研修会になど出られるか」という非難を受けたこともあります。そのたびに、「欠席者には査定を認めません」と圧力に屈しない強さを育んできました。

悔しいことも、うれしいことも、数えきれないほどの経験が自信となり、能力主義のアメリカという異国の地で働き続ける強さや自信、そしてビジネスを開拓し、創造していく原動力になりました。日本社会での知識と経験があってこそ、アメリカで起業することができたのです。

自分で自分を育てる

知識と経験を得る手間を惜しみ、最速最短でいきなり自分の夢にたどり着きたいという人がいますが、**安易な方法を見つけることに時間を費やすよりも、「今」なすべき、知識と経験を増やすことに重きを置きましょう。**たとえ時間がかかっても、一歩一歩前進している実感と、強くたくましく成長している手ごたえを得られることでしょう。

私は毎年、メトロポリタン美術館のルーフトップで、1年前に綴ったことを見直しながら、未来を創造するために、夢につなげるために、「この先1年の間にすべきこと」を書き出します。

自分で自分を育てる。この努力を怠《おこた》らないことが、夢につながっていくただひとつの方法です。

時間がかかっても、知識と経験を得る手間を惜しまない。

「日常の幸せ」から世界平和を感じ取る

12月のニューヨークは、ホリデーパーティーが繰り広げられる賑やかな季節です。その日私は、友人のアンディーに誘われ、起業家の集まるパーティーに出席していました。ホテルの会場には楽しい音楽が流れ、男性はスーツ姿、女性はカクテルドレスに身を包み、華やかさを添えていました。

フィンガーフードの載った銀色のトレイを持ち、場内を静かに行き来するウエイターさんから、ひとつ、またひとつと勧められるままに自分の小皿に料理をとり、周囲の人々と会話を楽しんでいたとき、お寿司のトレイを持ったウエイターさんがやってきました。

今や世界の共通語である「SUSHI」は、フィンガーフードとしてパーティーでも人気の一品です。その場に居合わせた人々がうれしそうにツナロール（鉄火巻き）を自分の小皿にとっていると、アンディーが来てこう言いました。

「エリカ、ニューヨークでお寿司を握っている人はみんな日本人なの？」

このとき私は、忘れかけていた大切なことをハッと思い出したのです。

当たり前の日常に感謝する

実は、日本から寿司職人をアメリカに呼び寄せるのは、ビザの関係もあり容易なことではありません。そこで日本人によく似ているといわれるチベット人が寿司職人として雇われることが多いと、チベット人の友人が教えてくれました。

不安定な社会情勢の祖国から、安住の地を求めて亡命するチベット人。雪のヒマラヤを歩いて、隣国ネパールを目指し山を越えていく過酷な道中に命果てる人、凍傷《とうしょう》で手足を失う人もいるそうです。そんな話を聞き、自分の知らない現実に涙したことがあります。

ニューヨークでチベット人が握るお寿司には、世界平和を考えずには食せない奥深いストーリーがあるのです。しかし、パーティーの席で政治や紛争にまつわる話題はご法度《はっと》なので、「日本人は少ないみたいですよ」とだけ答え、話題を変えたものの、私の頭の中では引き続き「平和」についての考えがめぐっていました。

アメリカには、亡命してきた人々がたくさんいます。「平和」を求めて、祖国を捨て逃げてきた人々、もう二度と自分の国に帰ることができない、帰らない覚悟で海を渡ってきた人々です。

日本人からは想像もできない世界に生きてきた人々と同じ場所で暮らす「平和」は、日常の当たり前の日々の下に築かれていること、そして、その当たり前の日々に感謝して生きることの大切さを深く感じます。


私が尊敬する、チベット仏教最高指導者ダライ・ラマ14世の言葉に、

「物やお金だけでは本当の幸福は得られない。幸せとは心の平和」

というものがあります。

「幸せ」が普通すぎて、つい「幸せ」に鈍感になってしまう。感謝することを忘れて過ごしてしまうことはありませんか？

たとえば、結婚当初は二人で一緒にいることが最大の幸せだったのに、時の経過とともにその幸せがあまりに日常になり過ぎて、今日も明日も明後日も続くであろうい

つもと同じ生活に飽き飽きし、以前の「幸せ」が薄らぎだす。もっと違う、もっと刺激的なことがないと「幸せ」に感じられなくなってしまう。

人は「幸せ」に欲張りな生き物です。しかし、ここで気づかなければならないことは、**どんなに「幸せ」に欲張りになっても、ベースとなる「日常の幸せ」は常に大切にして、感謝しなければならない**ということです。その「幸せ」とは、心に安らぎのある日常。そんな当たり前の幸せがあるから、幸せに欲張りになれるのですね。

幸せに鈍感になっていませんか?

もし、あなたが「私は不幸せだ」と感じているとしたら、まず、自分の目の前にある「当たり前の幸せ」を書き出してみましょう。

帰る家がある、家にテレビがある、自由に使えるお小遣いがある、病気になれば病院に行ける、お洒落をして素敵なレストランに行ける……。

次に、これらが非日常になったときのことを心静かに感じてみてください。きっと、自分が鈍感になっている「幸せ」を再認識するでしょう。それとともに、幸せが非日常である人々にも想いを寄せ、世界平和の尊さを感じてみましょう。

私は生まれて初めて出会ったチベット人との交流から、ニューヨークにあるチベット仏教美術の殿堂である「ルービン美術館」を知りました。美しいヒマラヤ芸術はなぜか日本人である私にも通じるものがあり、見ているだけで心が和《なご》みます。

以前ルービン美術館を訪れたとき、偶然にもダライ・ラマ14世に遭遇しました。ちょうど美術館を見学されていたときだったのです。幸運の鉢合わせで、無意識のうちに胸元で両手を合わせて笑顔で会釈《えしゃく》をすると、太陽のようにまぶしく輝く笑顔を返してくださいました。一生忘れない、人生の宝物です。

世界平和を願う気持ちは隣人愛です。初めて会った人の話に涙し、会ったこともない人のために祈ることができる。この想いはあなたをさらに美しく、聡明に輝かせてくれるでしょう。

自分は不幸だと感じたら、当たり前の幸せを書き出してみて。

“自分の”夢に集中する強さを持つ

夢が現実になった日、手帳に記していた夢リストを二重線で消す。夢を描いたスクラップブックを眺めながら「現実になった！」とニッコリ微笑んで、ガッツポーズをとる——そんな日が本当に来るのだろうかと、今日もため息をついていませんか？

日本とアメリカの「夢」のとらえ方は、大きく異なるように感じます。

たとえば、日本では「そんな夢みたいなことを言ってないで……」というように、夢は叶わないもの、儚《はかな》いものという意味で使われる場合がありますよね。これはネガティブな暗い気持ちや絶望的な気分になり、自信喪失するとらえ方です。

一方アメリカには、このようなとらえ方はありません。夢は叶えるもの、実現させるものと、非常に前向きでポジティブなとらえ方をします。夢を語りながら実現への意志を固め、「よし、必ず達成してみせる！」と情熱を湧きあがらせます。

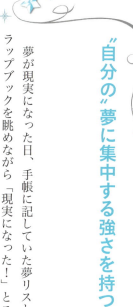

何もないところから莫大な財産を築くことを「アメリカンドリーム」といいますが、友人のジェームスはまさにアメリカンドリームを成し遂げた素晴らしい人です。

ジェームスは、多数の特許を持つエンジニアでした。平日は猛烈に働き、休みの日は特許研究に明け暮れ、お給料のすべては特許申請に消えていました。生活は奥さんのパートタイムの収入でまかなわれた、特許貧乏だったそうです。

アメリカの特許申請には弁護士が必要なので、多額の費用がかかります。私もアメリカで、自社製品のデザイン特許をふたつ取得していたので、特許がどれほど複雑でお金のかかることか、身近に理解できました。

1ドルにもならない特許に夢を託すジェームスに対し、「もっと現実に生きたほうがいいんじゃない？」とその貧しい生活を憐《あわれ》み、悲観的なアドバイスをする人もたくさんいたそうです。しかしジェームスは、生活は苦しくとも、自分の特許の可能性を信じ、情熱を持って研究に取り組み続けました。奥さんは、そんなジェームスの夢の実現を応援し支え続けたのです。

そんなある日、ジェームスの元に特許買い取りのオファーが届きました。なんと、ビル・ゲイツ氏のマイクロソフト社から届いたのです。彼はすべての特許を売却し、膨大な資産を築きました。
ジェームスは、このストーリーを通じて、「夢を叶える秘訣」を教えてくれました。
それは、〝苦節の時から逃げず、周りの雑音に惑わされず、夢の実現に集中する強さを持つこと〟です。

「儚い」の本当の意味

自分の夢は自分のためのものであり、他人にとってはどうでもよい「儚い」ものなのです。だから、「儚い」という漢字は、「人」に「夢」と書くのですね。

他人が自分の夢をネガティブに悲観的にコメントしても、この漢字の意味をしっかり頭に叩き込んでおけば、あなたの心は揺らぎません。誰にも理解されず、応援されなくても、どうってことないのです。他人の共感を求めることが、そもそも無意味なのです。

世界中に愛されるミッキーマウスを誕生させた、ウォルト・ディズニーが「夢を叶える秘訣」をこう語っています。

私が思う夢の実現の秘訣は４つのＣによって言い表すことができる。
Curiosity（好奇心）
Confidence（自信）
Courage（勇気）
Constancy（一度決心したことを続ける一貫性、継続）
中でも一番大切なのが自信だ。一度こうだと決めたら、盲目的に、一片の疑いもなくそれに没頭することだ。

これらは、夢を見事に実現したジェームスが持ち合わせていたものです。自分を信じることは、夢に一歩一歩近づき、夢を叶える秘訣なのです。

自分の夢を他人に共感してもらう必要はない。

プレゼントは「気持ち」を受け取る

1年で一番ロマンチックな12月のニューヨークは、イルミネーションの光で宝石箱をひっくり返したようにキラキラと輝いています。

人々は、心臓が凍るほど寒くても万全の装備で外を歩きます。5番街のショーウィンドウは、寒さを忘れて何時間でも眺めていたい美しさに包まれ、ユニセフによって5番街57丁目の交差点の頭上に吊るされた「雪の結晶」の大きなイルミネーションが、世界中の子どもたちの幸せを願って、夜空に静かに輝きます。

そんな美しい街を、防寒着を身につけて大汗をかきながら走り回るニューヨーカー。家族へのプレゼントを求め、ホリデーショッピングに大忙しです。家族が多いと、プレゼントの数も膨大で、抱えきれないほどの紙袋やラッピングペーパーを提《さ》げ、街を忙しそうに行き来します。

アメリカでは、日本のように購入したものをプレゼント用に包装してもらうサービスは一般的ではないため、自らラッピングしなければなりません。一瞬で破かれると分かっていても、ゴージャスに包むことで、想いを伝えるわけですね。

可愛いリボンを結び終わった瞬間に浮かぶのは、相手のうれしそうな笑顔。「このプレゼントを喜んでくれますように」と願うのは、万国共通です。

恋人からのプレゼントが4年間同じでも

さて、日本人のクリスマスプレゼントは、〝欲しいものを買ってあげる〟という意味合いが強く、お店はショッピングをするカップルであふれ返っていますが、アメリカでは、開けてからのお楽しみ。プレゼントはサプライズです。

友人のクリスティーは、恋人から「石鹼《せっけん》」をプレゼントされました。4年連続、同じ石鹼です。シャネルの高級ソープとはいえ、日本人的意識が根づいていた私は、数千円というお値段、「石鹼」という消耗品、そして4年連続同じプレゼントに大変驚き、いったいどうしてクリスティーは怒らないのかと、不思議に思っていました。

他人のプレゼントにとやかく言うのは品位に欠けるとは思いつつも、ニューヨークの女性の考え方を知りたくて、ある日クリスティーに聞きました。すると「私にいつも最高級のいい香りに包まれて、幸せでいてほしいということよ！」と、ポジティブな回答が返ってきたのです。

「エリカ、プレゼントは〝品物〟ではなく〝気持ち〟の贈り物なのよ」

そう言って、ニッコリ笑いました。

なるほど！　私は大きくうなずきました。確かに、彼女の言う通りです。**プレゼントに文句を言うのは、相手の気持ちに文句を言うのと同じこと。**大切な時間を割《さ》き、自分のためにプレゼントを選び、不器用ながらもラッピングまでしてくれた、その「気持ち」を受け取るのが、美しい大人の女の心の在り方なのですね。

そのとき私は、ニューヨークの美しい大人の女に一歩近づくことができた気分になりました。

もらったものに文句をつけない

あなたは、大切な人から贈られたプレゼントにショックを受けたり、怒ったり、すねたりしていませんか？「こんなの欲しくなかった」などと、面と向かって言っていませんか？

ゴージャスなプレゼントや豪華なディナーがなくても、**大切に想われているという実感こそが、最高の贈り物であり、あなたを幸せで包み込んでくれます。そして、あなたの「ありがとう」というひと言と笑顔が、最高のお返しです。**

ニューヨークに住み始めて間もない頃、日本の空港で買った「侍《さむらい》」とプリントされたTシャツを友人にプレゼントしたところ、「わぁ～ありがとう～！」と跳び上がらんばかりの勢いで大喜びされたことがあります。こんなTシャツで、ここまで喜んでもらっていいのだろうかと、そのときはオロオロしたものです。

しかし、クリスティーから「プレゼントは気持ちの贈り物」ということを教えてもらったことで、そのときの意味がやっと理解できました。当時は、その大胆な喜びにどう応えていいのか分からなかったのですが、今では素直に「気に入ってくれてうれしい！（I'm glad you like it!）」と笑顔で応えられるようになりました。

それ以来、「つまらない物ですが」というような謙遜《けんそん》は私の中から消え去り、どんなに小さな心ばかりの物でも、「気持ちを贈る」という考え方が、自信を持たせてくれました。

品物ではなく「気持ち」を贈り、また、それを受け取ることのできる、美しい大人の女性を目指していきましょうね！

プレゼントは、「あなたを大切に想っている」ことの証。

自分の幸せは自分でつくる

金曜日といえば、誰もが週末を前にワクワクしますが、「予定がない」「デートする人がいない」「することがない」と孤独をヒシヒシと感じ、週末は気重で憂鬱《ゆううつ》、幸せじゃないという人もいるでしょう。

そんな週末を劇的に変化させる方法は、自分が楽しめるよう、自分で週末をセッティングすること。至ってシンプル、ただこれだけです。

自分の幸せは自分でつくる。これが、永遠に自分らしく輝いて生きる方法です。

誰かに依存し、その人に幸せにしてもらおうと期待すると、期待が外れたときにガックリし、怒り、ケンカに発展することもあるでしょう。

また、**相手に依存した幸せの上限は、相手次第です。**あなたの望むレベルまで上がれるかどうかは相手にかかっており、あなたにはどうすることもできません。

相手次第になると、「こんなはずじゃなかった。もっと幸せになれると思った」とグチをこぼしてしまうこともあるでしょう。あなたは予想以下の幸せに失望し、相手はあなたの評価に怒り、二人の歯車は狂いだします。

幸せになるのも不幸せになるのも自分次第

独身でも既婚でも、人に依存せず、自分の幸せは自分でつくれる人になりましょう。誰かに「幸せにしてもらおう」なんて、考えない、期待しないことです。自分の幸せを自分でつくる努力をしていると、いつも自分で自分の心を安定させることができます。**幸せになるのも、不幸せになるのも、自分次第なのですから、自分の精神状態を上手にコントロールできるようになっていくのです。**

たとえば、週末に彼と映画に行く約束をしていたのに、彼の急用で行けなくなり、デートも延期。そんなとき、相手に依存した幸せを求めているとガックリ落ち込み、裏切られた気持ちになるでしょう。「約束を信じて予定を空けていたのに、ひどい！」

と彼を尊重する優しさを忘れ、わがままに振る舞ってしまうかもしれません。

一方、自分の幸せを自分でつくれる人は、「一人で行って楽しんでくるね!」と彼を安心させ、一人時間を満喫し、幸せな1日を過ごすことができるでしょう。二人でも一人でも、どちらも幸せなベースが完成しているからこそ、そう言えるのですね。

寂しさを充実感に変えていく

求めたものが、与えられない=落胆・失望
求めないから、与えられない=全く平気

あなたは、どちらに心の安らぎや幸せを感じますか?

美しい女性は後者です。幸せは自分でつくるものだという自立した考えのもと、一人時間を楽しみ、誰かと一緒の時間も楽しみます。一人が寂しいと感じる夜もあるでしょう。しかし、一人の夜を楽しみ、幸せに感じる過ごし方をちゃんと心得ていれば、寂しさを充実感に変えていくこともできるのです。

相手に依存した生き方では、求める幸せが得られれば幸せ、得られなければ不幸せとなってしまいます。あなたの幸せ度は、上がったり、下がったり、まるでエレベーターのように落ち着きなく上下します。果たしてこれを「幸せ」と言えますか？

恋人や夫がいない自分は幸せではないと感じているなら、今が成長のチャンスです。**誰かと一緒になる前に、自分の幸せは自分でつくる人になりましょう。**誰かに依存せず、自分一人でも幸せに生きていける自立心を養いましょう。

ニューヨークを象徴するブランド、ティファニーのキャッチコピーに大好きなものがあります。

「ひとりで生きていけるふたりが、それでも一緒にいるのが夫婦だと思う。」

お互いに寄りかかることなく生きていける自立した二人が一緒にいる。そこには、お互いを尊重し、楽しく幸せに満ちた時間が流れます。

自分らしく輝く秘訣は、一人時間を楽しめる自立心を養うこと。

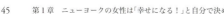

美しい人は「ありがとう」を忘れない

海外旅行をするたびに、言いたいことを上手く伝えられず歯がゆい思いをしたり、もっと話せたらもっと楽しかったのにと、物足りなさを感じる方は多いのではないのでしょうか。世界共通語の英語が話せたら、世界中の人たちと交流が持てる。これはある意味すごいことですよね。

その英語で、旅をさらに楽しいものにしてくれる3つの言葉があります。それは、

「こんにちは（Hello.）」
「ありがとう（Thank you.）」
「ちょっと失礼します（Excuse me.）」

なんだ、そんな簡単なことなの？　と拍子抜けした人も多いでしょう。

3つの中でも、特に「ありがとう」という言葉は重要です。なぜなら、生きていく

上で一番大切な言葉だからです。世界共通、どの国の親も、わが子に「ありがとう」という言葉とその意味、感謝の気持ちを厳しく教え込みますよね。

しかし、残念なことに、大人になればなるほど「ありがとう」と言わなくなってしまいます。たとえば、喫茶店でコーヒーを運んできてくれたウエイトレスさんに「ありがとう」と言う人は少ないのではないでしょうか。

「Thank you.（ありがとう）」、「I appreciate it.（感謝します）」――ニューヨークの人々は、このふたつの言葉を1日に何度も口にします。誰に対しても、どんなときでも、この言葉を発することを忘れず大切にしています。

たとえばレストランで、ウエイターさんが水を運び、メニューの説明をし、注文を取り、料理を運び、お味はどうですかと確認に立ち寄る……そんなとき、その一つひとつのアクションに対して、「ありがとう」と笑顔を忘れません。

心地よいサービスを提供してくれる人への感謝を言葉にするのは、非常に大切なことで、人間の器の大きさ、懐《ふところ》の深さを証明しているようなものです。**心で「ありがとう」と思っていても、何も言わず黙っていては、感謝の気持ちは伝わらないのです。**

1日の終わりに今日の出来事を振り返ったとき、感謝する場面がたくさん浮かんでくると思います。素敵なネイルアートを施《ほどこ》してくれたネイリストの人、「そのスカート素敵！」と装いを褒めてくれた友人、スーパーのレジで買ったものを袋に詰めてくれた人、「今日の夕食おいしかったよ」と褒めてくれた旦那さま……。

こんなふうに頭に浮かぶ今日の感謝の場面それぞれに「ありがとう」という言葉を発しましたか？

「ありがとう」と感謝の念は連鎖しています。発する人も、受け取った人も両者が最高にハッピーになれる言葉、そして小さな子どもでさえ理解し、気持ちが伝わる魔法の言葉です。

毎日の生活の中で、数えきれないほど「ありがとう」を発することが、いつも感謝の気持ちを忘れない、美しい人へと導いてくれるのです。

感謝の気持ちは、1日に何度も言葉で表現する。

第２章

何度でも、新しい自分に生まれ変わる

先入観を捨てる

「彼女はエイズなの」

事務所の廊下を歩きながら、友人で弁護士のアレックスが言いました。最近、彼女が雇ったアシスタントのジャッキーのことです。

とても愛情深く美しい心を持つアレックスは、ニューヨークの能力主義社会に生きる聡明な女性です。そんな彼女に雇われたジャッキーは、きっと仕事のできる人なのだろうなと思いながら、ジャッキーが病でどんなに痩《や》せていようと驚かないようにしよう、と心を引き締めアレックスの後ろについて歩きました。

その日は、アレックス主催のランチを兼ねた法律勉強会でした。アシスタント席に座っていたジャッキーをアレックスに紹介してもらい、挨拶を交わした後、アレックスの部屋に入りました。

勉強会には、あと二人参加者がいるらしいのですが、アレックスは誰が来るのか教えてくれません。ランチが並ぶ打ち合わせテーブルの席についたとき、ジャッキーが入ってきました。勉強会の準備をテキパキとこなす彼女は、とても元気ではつらつとしていて、重い病を患《わずら》っているようには見えませんでした。

その後、残りの二人がやってきて、アレックスのプチ講義が始まりました。この日のテーマは、訴訟のケーススタディー。参加者の一人の男性が実際に訴訟を起こされたビジネスオーナーで、私はサンドウィッチをかじりながら、彼とアレックスの話に聞き入りました。

彼女が事前に参加者やテーマについて話さないのは、事前に話すことで先入観が生まれ、正しい理解を阻《はば》むことがあるからだそうです。

たとえば、世界中で「日本人はルーズ」で有名だとしましょう。もし、この勉強会の主人公が「日本人」だとしたら、それを知ったアメリカ人は、どんな先入観を持つでしょうか？　「そりゃ日本人はルーズで有名だもの。訴えられるようなこともしでかすでしょう」というような考えが浮かびそうではありませんか？

自らの体験で実感したこともないのに、人の話を鵜呑《うの》みにして先入観を持ってしまう。これは、誰にでもある人間の性質なのです。

アレックスが事前情報を話さないおかげで、私はビジネスオーナーの話を「無の状態」で聞くことができました。そこから得た学びは、先入観に左右されない、周りに惑わされない、自分の心で感じたものでした。

先入観があるのとないのとでは、物の見方が大きく変わります。ビジネスの世界に限らず、日常の人間関係においても歪《ゆが》んだ解釈を招きかねない危険なものなのです。

苦手と思わずにゼロから接する

誰にでも、ちょっと苦手な人っていますよね?

第一印象から悪かった人もいれば、付き合っているうちにだんだん印象が悪くなっていく人もいます。なんとなく合わない、ささいな出来事が原因で避けるようになってしまった、距離感を保ちながらお付き合いをしてもやっぱり苦手……。

苦手を克服する簡単な方法は、その人への「先入観」をリセットすることです。そして、あなたが抱いている苦手な印象を消し、その人の長所に着目することです。

たとえば、いつも笑顔で話しかけても、ニコリともせず返事をしない人がいるとします。その人は、あなたにとって苦手な人であり、〝話しかけても無視をする人〟という先入観がありますよね。

その先入観をリセットして、ゼロからスタートし直してみるのです。その人のいい部分に目を向けましょう。ニコリともしないとか、無視するなどというネガティブな部分ではなく、素敵なトップスを着ているとか、キレイな肌をしているとか、チャーミングな部分にだけ着目してみましょう。すると不思議なことに、今まで先入観に阻止され見過ごしていた、その人の魅力が見えてきます。

苦手な人という先入観を持たず、上手な距離感を保ちながらお付き合いをすることは、ニューヨークの女性の極上のソーシャルマナーです。その人のことを好きにならなくてもいいのです。大切なのは、苦手という先入観を消すこと。その人に、「私はあなたが苦手です」という、ネガティブな〝気〟を発信しないことです。

その後、アレックスのオフィスに立ち寄るたびに、ジャッキーと言葉を交わすようになりました。彼女はいつも元気で明るく、不治の病におかされているようにはとても見えません。きっと体調が悪くてもプロ根性で打ち消し、全身全霊で仕事に取り組んでいるのだろうと思い、心の中で「フレー、フレー、ジャッキー」といつも応援していました。

そんなある日、アレックスのオフィスに行くと、ジャッキーはお休みでした。

「彼女、大丈夫なの？」

「あれ？　彼女が病欠だって言った？」ときょとんとするアレックス。

「つらいよね、ワクチンとかの後遺症って、やっぱり大きいのかな？」

「？？　何のワクチン？」

なぜか、話がかみ合わない私とアレックス。お互い首をひねりながら、「エイズのワクチンよ」と答えると、

「えっ！　そんなこと誰から聞いたの？」

「あなたからよ！」

「えーーっ……。そんな話、今初めて聞いたけど！」

「えーーっ!!　初めてジャッキーを紹介してくれたとき〝She has AIDS.〟と言った

よね？」

「エリカ〜、私が言ったのは〝She has As〟。Aばかりの成績優秀だって言ったのよ」

そう言ってアレックスはお腹を抱えて笑いだしました。

「穴があったら入りたい」とはこのことです。私は随分《ずいぶん》長い間、大きな勘違いをしたまま、先入観を持ってジャッキーに接してしまっていたのです。


その後、すぐに先入観をリセットし、ゼロの境地から彼女に接しました。すると今まで見過ごしていた彼女の素敵な部分がたくさん見えてきました。ヨガのインストラクターの資格を持っていること、ボディラインが美しいこと、徒歩通勤していることなど。彼女が、どれほど健康で活発な人なのかを知ることができたのです。

先入観を捨てるとたくさんの情報をキャッチできる。そんな新しい気づきも得られました。

その晩、AIDSとAsの発音練習を何度もしたのは、言うまでもありません。

人とまっさらな心で向き合い、いいところに目を向ける。

バースデーケーキには1本のキャンドルを立てる

お誕生日が近づくにつれ、憂鬱な気分になる人がいます。体重と同じで、増えてうれしくないのが「年齢」だそうです。

日本では、年齢は、多いよりも少ないほうがよいとされる傾向がありますが、年をとるという自然の摂理は、ネガティブなことではありません。

ニューヨークでは、「来週お誕生日なの」と誰かが言うと、「わぁ〜おめでとう！一緒にお祝いしよう」「ありがとう！」、そんな喜びの声があふれます。そして、お祝いの席で特別にお願いしておいたバースデーケーキやバースデーデザートに、1本だけキャンドルを立てます。なぜなら、友人が何月何日生まれかは知っていても、何年生まれで何歳になるのかまでは知らないことが大半だからです。

私は、大人になってからできたほとんどの友人たちの年齢を知りません。友人たちも私の年齢を知りません。日常生活の中で、「年齢」を話題にすることがないのです。

アメリカでは、年齢は体重や年収と同じくパーソナルなことで、他人には関係のないこと、ととらえられています。年齢で、その人の老いや若さをはかることもありません。**誰もが、自分の年齢に誇りを持ち、年を重ねることは健康に生き続けている証拠と考えています。**憂鬱になるとしたら、病気などで来年は年齢を増やすことができないかもしれない、というつらい状況に見舞われているときだけです。

たとえば、今年で42歳のお誕生日を迎えるとしたら、「さ〜あ、新しい年も元気に明るくがんばろう！」と新たに始まる1年に願いを込めて、バースデーケーキには1本のキャンドルを立てます。このように、自分の中で1本のキャンドルをセレモニー化していくと、毎年のお誕生日が憂鬱ではなく、うれしく待ち遠しいものに変わります。お正月と同じ感覚ですね。

42歳だからといって、長いキャンドル4本と、短いキャンドル2本……。そんな、自分を憂鬱にさせる儀式は今すぐやめて、バースデーキャンドル1本主義でまいりましょう。何でもすべて自分のとらえ方次第です。

年齢を聞かれたら「ご想像にお任せします」と答える。

「もう○歳になっちゃった」は禁句

人に年齢を聞かれたとき、「もう○歳なの」と答えていませんか？　年齢で老いや若さを判断されるのを憂鬱に感じながら、自分でも「もう」という言葉を使って自分の老いを意識してしまうのは、美しい生き方ではありません。

「年齢はパーソナルなことだから、ご想像にお任せします」といったスタンスでいきましょう。年齢にとらわれない生き方を貫く女性からは、凜とした品格を感じますよね。**公にする部分、プライベートな部分、ベールで覆ってぼんやり見せる部分、そんな区別を持つことが、心地よい美しい生き方につながります。**

「年齢」は、老いをはかるものではなく、生き続けている数字です。毎年数字が増えるのは、健康に恵まれ多くの人々に支えられているおかげという、感謝の気持ちを大切にしましょう。

スケジュール帳を真っ白にする日をつくる

ニューヨークには、スターシェフと呼ばれる有名シェフがたくさんいますが、その中でフランス料理の巨匠と呼ばれているのが、アッパーイーストのレストラン「ダニエル」のシェフ、ダニエル・ブリュー氏です。

そのダニエルが、アメリカンとフレンチの融合をコンセプトに初めてダウンタウンにオープンさせたビストロ風アメリカンダイナーは、ニューヨークを感じさせるお洒落な雰囲気とダニエルならではのこだわりの味が好評で、いつも満席の人気レストランです。

ある日、そのオープンしたてのレストランから届いた1通のメール。オイスターと相性のいいワインを提供するというマッチングイベントの招待状でした。

開始は日曜日の夕方5時からと、ディナーには早い時間ですが、グルメがキーワードで仲良しのキャサリンならば絶対に行きたいはずだと、大急ぎで電話をしました。

「キャサリン、来週の日曜日の夕方、何か予定入ってる?」

「空いてるよ」

誘ってよかったと思いながら、イベントの詳細を話し始めたとき、彼女が突然会話を遮《さえぎ》りました。

「エリカごめん、その日は予定を入れない日なの」

「えっ???　予定を入れない日?　それどういう意味?」

詳しく聞いてみると、その日はあえて予定を入れない日で、何にも縛《しば》られず、何もしない贅沢を味わう日なのだそうです。

日頃時間に追われ、約束ごとに追われ、お付き合いに追われ、スケジュール帳は自分が書き込んだ文字が読めないほどぎっしり詰まっているキャサリン。心に潤いを取り戻すには、スポーツや睡眠だけでは解決されず、スケジュールを真っ白にする日が必要であることに、ある日気づいたというのです。

「なるほど!」そのとき、私は大きく膝を打ちました。

電話を切った私は、自分のスケジュール帳を広げてみました。すると、どの日にも予定が書き込まれていて、何もしない日はどこにも見当たりません。きっと私は、1日、1ヶ月、1年とスケジュールを立て、それに合わせて行動することが時間を有効に使い尽くす〝いいこと〟だと思っていたのです。

キャサリンの言葉で、「めいっぱい忙しくしていることが、果たして充実した人生と言えるのか？」「人生を楽しみ尽くすとは、たくさんの予定が入っていることではなく、縛られない時間を有意義に使うこととも言えるのではないか？」と気づかされたのです。

「何ものにも縛られない時間」を持つという贅沢

時間に縛られず、予定に縛られずに1日を過ごしてみる――これが本当の贅沢で、そこから「ゆとり」が生まれます。

空いた時間に、どんどん予定を入れたり、誘われたら予定が空いているからと受け入れたりするのではなく、**予定が空いているからこそ、あえてお誘いを断ることも、心の潤いを保つには必要です。**

たとえば、こんな1日の過ごし方はどうでしょう。自然に目が覚めた時間に起きて、朝の気分で何を食べるかを決め、キッチンでお料理をする。音楽を聴いたり、テレビを見たりしながら、ゆったり朝食を楽しむ。その後、ソファーで読みかけの本を読んだり、着替えて近場をお散歩がてら歩いたり、新しくできたショップで食材を買って帰ったり。お誕生日の近い友人にカードを書いたり、撮りためた写真を整理してみたり。

いつまでに終えなければならないという縛られたものがない時間、これが本当の贅沢です。

ワーキングマザーはなかなか時間が取れないかもしれませんが、時にはお子様を旦那さまに任せて「奥様定休日」をつくってみましょう。

スケジュール帳が真っ白な日には、「心に潤いを取り戻す、贅沢な時間の使い方ができる日」という、見えない文字が刻まれています。

気分に合わせて過ごす1日で、心に潤いを取り戻す。

「負けたくない人」よりも「越えたい人」を持つ

動向がなぜか気になる、という人はいませんか？

人生勝ち負けではないと分かっているけれど、「あの人には負けたくない」という気持ちがいつも心の奥底にあって、読まない、見ないと決めながらもついつい、その人のブログを開いてしまうことってありませんか？

そこに書かれているのは、「幸せすぎてごめんなさい」「成功続きでノリにのってます」といったハッピーストーリーや、華やかなライフスタイルを象徴した写真。それらを見て、さらにガクッと落ち込んでしまうなんてこともありますよね。

これは、劣等感を感じてしまったからです。意味もなくその人と自分を比較して、「自分のほうが劣っている」と自分に低い評価を下し、自信を失ってしまったのです。

その一方で、「悔しい！　今に見ておれ！」とこれまた意味のない競争心や嫉妬心を燃やし、「いつかあの人に勝って優越感に浸りたい！」という気持ちを心の片隅に持っていたりするものです。

自分を悩ます「負けたくない人」にとらわれてしまうと、永遠に心をかき乱された日々を過ごしてしまいます。その人に勝った、負けたと考えている限り、自分が得るものは、優越感と劣等感だけ。それ以外の何ものでもありません。大切な時間を浪費して、自分がつくり上げた妄想の世界で勝負するほど、意味のないことはありません。

それよりも、**競い合いながらお互いを高めることができて、自己成長につながる人、「越えたい人」**を持ちましょう。

「越えたい人」を目指す努力は自信を育む

バレンタインデーで街が賑わう2月のある日、ソーホーにある名門調理学校が運営するレストラン「レコール（L'ECOLE）」でディナーを楽しみました。ニューヨークのスターシェフをたくさん輩出している学校だけあり、プロの指導の下で生徒たちが作る本格的なフランス料理が楽しめる人気レストランです。

入口の扉を開けようとしたとき、横のガラス越しに、生徒たちの作品のケーキが並んでいるのに気づきました。優秀作品に選ばれたケーキは、シャネルやヴィトンなどの女心がときめくバッグの形を模したケーキでした。

食べたいやら、持ちたいやらの楽しいケーキを眺めつつ、競い合いながらお互いを高められる関係の人がいるからこそ、こんなに完成度の高い作品が作れるのだろうと思い、入口の扉を開けて店内に入りました。

「越えたい人」を持つのは、優越感に浸るためでも、勝ち組に入るためでもなく、士気を向上させるためです。劣等感で自分を悩ます「負けたくない人」とは全く違います。「越えたい人」は、足元にも及ばない雲の上の存在の人でもいいのです。「いつの日か、あの人に並ぶ人になりたい、あの人を越える人になりたい」。こんな壮大な想いを抱くことは、やる気につながり、夢を感じますよね。

自分が目標とする人生を歩んでいる人、尊敬できる人、メンターなどから選んだ「越えたい人」を持つと、劣等感を抱かせる「負けたくない人」の存在があなたの頭の中からスーッと消え、これまでいかに愚かな比較をしてドロドロした感情に惑わされていたかにも気づくでしょう。

自分を貶《おとし》める「負けたくない人」の存在に精神状態を振り回され、劣等感と優越感の往復に忙しい日々を過ごすよりも、「越えたい人」を目指して、大きな安定した心で努力を重ねながら一歩一歩近づいていく日々を過ごすことが、自信を育んでくれます。決して消えることのない自信、それは自分を信じ、自分を認めることです。

私にも「越えたい人」がいます。ニューヨークで出会った起業家の大先輩で、今はまだ雲の上の存在です。私が日々がんばれるのは、勝った負けたの白黒勝負の相手である「負けたくない人」ではなく、「越えたい人」がいるからです。

その人ががんばっている様子に励まされ、私もがんばれる。いつもポジティブな気持ちで前に進むことができます。

心をかき乱される相手にとらわれず、高みを目指す。

時には360度で見渡してみる

常に目標があり、それに向かって突き進む人生は、エネルギッシュで情熱的ですよね。

ニューヨークの起業家の友人たちは、それに加えて、前を見据えながらも360度見渡すことを大切にしています。何かに一生懸命取り組んでいるときというのは、思考が凝り固まってしまうことがあるからです。もっと柔軟に物事を考えられたら、新しいひらめきも飛び出すのでしょうが、がんばりすぎが視野を狭めてしまうのです。

柔軟性を欠いた状況が続くと、さらに視野を狭め「周りが見えない状況」に陥ってしまいます。これでは、いくらがんばっても、よい結果には結びつきません。

そんなときは、一度そこから離れて肩の力を抜き、大きな深呼吸をして、360度を見渡してみましょう。360度を見渡すというのは、前だけではなく、クルッと1回転しながら、前後左右を見るということです。たとえれば、カメラを通常モードからパノラマ360度に切り替えるイメージです。そうすることで、自分がいかに目先の小さなことに惑わされていたか、ハッと気づくものです。

自分がちっぽけな存在であることを知る

1969年7月、アポロ11号が月面着陸したときのニール・アームストロング船長の有名な言葉があります。私はこの言葉を知って、360度を見渡すとはこういうことなんだ、と気づかされました。

突然、あの小さな豆粒大のもの、
美しく青いものが地球であることに気がついた。
私は親指を立てて片目をつぶった。
すると私の親指が、地球の惑星をすっかり覆い隠してしまった。
自分のことを巨人には思えなかった。
とてもとても小さな存在に感じた。

広い世界の中で、自分がちっぽけな存在であると知ることは、いろいろな気づきを与えてくれるものです。もし今、あなたが悩みを抱えているとしても、あなたを悩ませている目の前の大きなことは、少し離れた地点から広い視野で見てみると、ほんの小さなことです。それに気づいたとき「私はなんて小さなことにこだわって、悩んでいたのだろう」と感じるものです。

３６０度を見渡すことは、力強く幸せに生きていく上でも大切です。**視野を大きく広げることで、もっと大きな心でその悩みをとらえ、柔軟に考えることができるようになるのです。**

何かに行き詰まりを感じたら、そこから一旦離れ、３６０度で見渡してみるクセをつけましょう。そうすることで狭まった視野を広げ、全体を大きく見る力、大きく考える力がつきます。気持ちがパーッと広がり、その部屋の一角に立つあなたではなく、青い地球の上に立つあなたを感じられるでしょう。

行き詰まったらそこから離れ、クルッと1回転して見渡してみる。

旅先から自分宛てにメッセージを送る

旅行先の見知らぬ土地で、新たな文化や景色、食事、人に触れあう非日常の時間というのは、心が癒やされリフレッシュされるものですよね。

私は海外旅行が大好きで、渡米前はいろいろな国へ旅行しましたが、なぜかヨーロッパが中心で北米には全く興味がなかったのです。すでにニューヨークの魔法にかかっていた友人は、ニューヨークがどんなにエキサイティングな街か、写真を見せながら語ってくれたのですが、「ふぅ〜ん……」とつれない返事ばかりしていました。

それから時は流れ、私は今ニューヨークに住んでいます。宝石箱のように美しく輝く街の魅力を人々に語りながら、私もニューヨークの街に魅了されています。人生とは、本当に予想がつかないものですよね。

その予想のつかない人生を歩んできた記録が「旅日記」です。

旅日記は、旅先で手に入れた絵はがきに綴ります。

美術館に行けば、展示中の絵が印刷された絵はがきが売られていますし、街の雑貨屋さんでは、イラストや写真のついた絵はがきを購入することができますよね。また、わざわざ買わなくても、お店に案内のはがきが置いてあったり、宿泊ホテルの引き出しにそのホテルの絵はがきが置いてあったりします。

これらの絵はがきは、家族や知人に宛てて送られるのが一般的ですが、私のおすすめは、**今の心境やメッセージを自分宛てに書き、自分に送る**ことです。自分に届く自分からの絵はがきです。この絵はがきを絵はがきホルダーにファイルしていくと、素敵な旅日記となるわけです。

私が初めてニューヨークに訪れたときの旅日記は、何度読み返しても自分の愚かさに大笑いする、お気に入りの1枚です。当時、ロバート・デ・ニーロ主演の映画『タクシードライバー』を観ていた私は、ニューヨークでタクシーに乗るのは危険だと信じ込んでいました。タクシーは犯罪に巻き込まれる恐れがあると思っていたのです。

そこでＪＦＫ国際空港から電車でマンハッタンに向かいました。ところが、なんと違う方向行きに乗ってしまい、治安の悪い方面に向かう電車に揺られていたのです。

タクシーに乗ったほうがよっぽど安全だったという話が、ニューヨークから自分に送った自由の女神の絵はがきに綴られています。

過去が形づくる「あなたの物語」

本当ならば、絵はがきに消印があるほうが風情《ふぜい》は出るのですが、ご家族と住んでいると読まれてしまわないかと心配ですよね。すると、素直な気持ちを綴れなくなったりしますが、それでは意味がありません。

そんなときは、絵はがきを封筒に入れて送りましょう。はがきに書くのは、その日の出来事でも、その日感じたことでも、その日決意したことでも、将来の自分へのメッセージでも、約束でも何でもいいのです。**素直な心で自分にメッセージを書くことが重要です。**

その旅日記をパラパラとめくると、そのときの情景が絵はがきから鮮明に浮かんでくるものです。「あのとき、○○美術館でこの絵を観て、心がスーッと軽くなったなあ〜」「このときが初めてイギリスに行ったときだ！」「一緒に旅行をしたAちゃんは今どうしているのかな？」「あっ！　将来の夢は〝起業すること〟って書いてある。私、実現できている！」など、旅の思い出とともに、あなたがそのとき感じた気持ちをたくさん呼び起こすことができます。

また、そのとき決意したにもかかわらず、忘れてしまったことを思い出すきっかけにもなります。初心を取り戻す旅日記でもあるわけですね。

絵はがきで初心を取り戻す。

旅行先からでなくても、何かを決意した日や、いいことがあった日に絵はがきを買って自分にメッセージを書き、自分宛てに発送するのもおすすめです。

絵はがきホルダーに自分への手紙がたまってくると、それはまるであなたが書いた「あなたの物語」のようです。目次のない物語。どこまでも、どこまでも続くあなただけの物語です。続きがどうなるかは誰にも、あなたにさえ分かりません。ロマンがありますよね。ぜひ試してみてください！

一人で行く美術館で感性を磨く

ニューヨークの5番街の一部分に名づけられた「ミュージアムマイル」。82丁目から105丁目までの約1マイルの間に、9つの美術館や博物館が並んでいます。メトロポリタン美術館をはじめ、かたつむりのような建築物が美しいグッゲンハイム美術館、鉄鋼&鉄道王であったヘンリー・フリック氏の個人的なコレクションを彼が実際に住んでいた邸宅で展示しているフリック・コレクションなど、世界的に有名な美術館がずらりと並んでいます。

お休みの日の午後、ふらっと一人で訪れ、時間を忘れて鑑賞する名画や建築物は、いつも心に刺激を与えてくれます。言うなれば、心磨きの時間です。

その日、私は86丁目のノイエ・ギャラリーからスタートしました。1階には、気品あふれるオーストリアスタイルのカフェがあります。本場のザッハトルテやウインナコーヒーは、ここがニューヨークであることを忘れてしまうほどのおいしさです。私はベーコン添えのスクランブルエッグにブリオッシュのトーストでゆったり朝食をとりながら、気持ちをオンからオフに切り替えました。

そして次に向かった先は、ノイエ・ギャラリーから徒歩3分くらいの場所に位置するメトロポリタン美術館です。何日あっても足りないほどに広いメトロポリタン美術館に行くときは、毎回テーマを決めて回ります。

その日は彫刻を見ることにしました。窓からの彩光が美しい彫刻広場には、持参した椅子に腰掛けてデッサンしている人が数名いました。静かに響くサッサッサという鉛筆の音を聞きながら、心で感じる彫刻の美しさに時間が経つのも忘れました。

知識は何もいりません。ただ静かに心で何かを感じてみることで、感性は磨かれていきます。

集団行動は必要ない

ニューヨークの人々は、一人時間を大切にして感性を磨きます。美術館に行ったり、街の至るところに設置されたパブリックアートを眺めたり、青空を眺めたり、夕日を眺めたり、何か自分の心に響くものと対話する時間を大切にしています。

洗練された心の美しさは、こんな時間から研《と》ぎ澄まされていくのですね。四六時中家でゴロゴロしてテレビを見たり、いつも誰かと群れていては磨かれない美しさです。

友人たちと連れ立って美術館の特別展を鑑賞される方も多いでしょう。その後にランチに出かけ、感想を語り合うのは素敵な時間の過ごし方です。

でも、その日を最高の1日にしたいなら、絵画を観るときはグループから離れ、おしゃべりから離れ、一人静かに何かを心で感じてみましょう。

「この絵の色使いは素晴らしいわよね」「この絵は有名よね」「あった、あった！　この絵が広告に使われていた絵よね」

こんな会話を楽しむのは、鑑賞の後です。グループから外れて観たい絵のところに一人で先に行ったり、そこで時間を費やしたりすると、一緒に行った人たちに悪いのではないかと足並みを揃えることを気遣う人がいますが、それは無用です。

足並みなんて揃えなくていいのです。集団行動は必要ありません。「じゃあ出口でのちほど～」と言って会場に入ると同時に、マイペースで鑑賞する一人の時間こそが感性を磨くことにつながり、最高の1日につながります。

美術館に行くときは、たとえば、マチスの特別展に行くという〝行く〟ことに意味があるといった考え方ではなく、そこで〝何を見、何を感じたか〟に重きを置ける人になりましょう。

一人で美術鑑賞をするときは、「キレイ！」などと口に出して表現する必要はありません。ただ、心で感じたことを素直に受け取るだけで感性は磨かれていくものです。

表現力は感性によって高められる

感性を磨くことは、美しいものを美しいと感じる心を磨くこと、素直な心を磨くことです。たとえば、友人を自宅に招き、手作りケーキでもてなしたとします。

Aさんは「わぁ～、これすごくおいしい！」と深く味わいながら、満面の笑みですぐに感想を言ってくれたのに、Bさんは「うん。おいしいね」とたったひと言。社交辞令で言っているだけなのか、本当においしいと思っているのか、顔つきを見てもさっぱり分からない。こんなことってありますよね？

Bさんは味覚的においしいと感じていても、心で感じる「感性磨き」をしていないので、表現することを知らないのです。舌の先で感じる味と、心に響く調和した全体の味は、全く違うものです。

たとえば、感性磨きをしていない人は、このパンは「甘い」という感覚止まりですが、感性磨きをしている人は「このパンはまろやかで柔らかく、程よい甘さが口の中にいつまでもふわっと残る」というように、同じ「甘さ」をさらに掘り下げて心で感じ表現することができます。「おいしい」というひと言ではなく、何がどうおいしいのかということを奥深く表現することができます。

感性が磨かれている人は、物事の表現に長《た》けています。たとえば青空を見て「空が青い」と表現するのは感性磨きの足りない人、「空が透き通るように青く、吸い込まれるように美しい」と表現できるのは、感性を磨いている人です。

空の青さを、どんなふうに青く、その青さがどう自分の心に響いたのかを表現することは、心で感じるからこそできることなのです。

日頃から感性を磨いている人というのは、日常のあらゆる場面で、感受性の豊かな人ならではの魅力を輝かせています。いつも無表情な人、心のざわつきばかりを感じてしまう人は、一人で行く美術館で感性を磨いてみましょう。

知識なんて何もなくていいのです。自分の心に響く作品を見つけ、「これが好き」という気持ちを心で感じてみましょう。

美しいものを視覚で美しいと感じるだけでなく、心で感じ、その気持ちを、心から深く表現できる女を目指してまいりましょう！

心で感じることを大切にする。

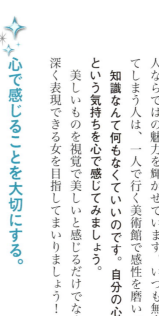

夢を語れる女になる

5月になると、春の訪れを知らせるライラックがニューヨークのお花屋さんに並び始め、街中がライラックの優しい香りに包まれます。

私は友人クロエのお誕生日会に持参する、彼女がリクエストした100本のバラを買うために、オフィス近くのスーパーマーケットに行きました。お花を大量に買いたいときは、大きなスーパーマーケットか花問屋が便利なのです。

お花は12本で1束として売られていました。100本となると……何束＋何本？　携帯電話の電卓で計算しながら混乱していたら、「8bunches!（8束よ）」とクロエの声が真横から響いてきました。

そうなのです！　彼女が笑いながら横に立っていました。ランチを買いに来てみたら、お花売り場でモタモタしている私を発見したそうです。

「クロエ〜、見てたのね」と大笑いしながら、「お誕生日おめでとう！」とハグをしました。彼女が好きなピーチ色の可愛いバラを選び、「じゃあ後でね」と、その場で別れました。

実現可能かどうかは関係ない

クロエは保険会社で働きながら、会計士の資格を取るべく勉強中で、いずれは自分の事務所を開くという夢に向けてチャレンジしている美しいニューヨーカーです。

チェルシーのタパス料理のお店で開いたカジュアルなお誕生日会に、いつものメンバー6人が集まりました。起業家と、起業に向けて準備を進めている女性たちです。皆それぞれの分野は違いますが、共通の話題はビジネスと夢です。

大きなパエリアを前に、主役のクロエがうれしそうに自分の追い続けている夢や人生観、さらにこの先どんな人生を歩みたいと思っているかなどを話し、その晩は皆で夜遅くまで語り明かしました。

自分の夢を語れて、他の人たちとシェアできる時間というのは、本当に素敵です。その夢が実現可能かどうかは全く関係ありません。夢はあきらめない限り、永遠に続くのですから。

大切なのは、語れる夢を持っていること、夢をしっかり描けていることです。

当日集まったメンバーは、まだ誰も夢を実現していません。夢を描き、夢に向かって歩んでいる状態です。最大の関心事である、この先の人生はどうなっていくのだろうという話題で盛り上がっていたとき、クロエが大切にしている言葉を私たちに教えてくれました。

「人生を決めるのは、環境などではない。その人が何を決意したかである」

偶然にも、これは私も大好きな言葉でした。アメリカで有名な自己啓発コーチのアンソニー・ロビンズさんの言葉です。

彼は、経済的な事情から大学に進まず、ビルの清掃アルバイトをしながら2年間で700冊もの成功哲学や心理学に関する本を読み、講演会やセミナーに参加し、そこから得た知識で、独自のスタイルを確立されました。クリントン元大統領、故ダイアナ元妃、レディー・ガガさんなど世界中のVIPがクライアントに名を連ねています。彼の歩んできた道を聞いただけでも、説得力のある言葉ですよね。

この言葉の意味は、**夢は環境によって左右されない、すべてはあなたの決意だ**ということです。人は、こんな夢を持っても叶いっこない、今さら無理だろうと、ネガティブに考えてしまいがちですが、夢を描くのが夢の第一歩です。

夢のない人よりも、大きな夢を描いている人のほうが、キラキラ輝いているものです。**夢は誰のためでもなく、自分のために描くものです。**何歳になっても夢のある人、夢を語れる女性は、魅力的で素敵ですね。

夢を叶えたいなら、叶える決意をするだけ。

第３章

ニューヨークの女性は「自分を美しく見せる」コツを知っている

美しい装いは「引き算の美学」から生まれる

「行ってきま〜す」と元気に扉を開けて飛び出そうと思った瞬間、玄関の鏡に映る自分の姿を見て「ん？　何かが足りない？」と心配になり、大急ぎで家の中に舞い戻るという経験はありませんか？

アクセサリーを足したり、バッグを派手な色に替えてみたり、そこからクローゼットを引っかき回して大急ぎで何着も着替えてみたり。時計を見れば、時間の余裕は全くない！　気持ちが焦りだし、とにかくつけちゃえと、じゃらじゃらアクセサリーをつける。これだけつけたらゴージャスな存在感があってお洒落に見えるはず。そう安心して家を飛び出したなんていうことはありませんか？

ゴージャスとケバケバしさ、これは紙一重です。ゴージャスとは華やかな美しさを言いますが、ケバケバしさとは品のない派手さのことです。美しい印象を与える装いに小物類をつければつけるほど、ゴージャスになるのではなく、ケバケバしくなってしまうこともあるのです。

人のファッションチェックは冷静にできるのに、いざ自分のこととなると、意外にも分からなくなってしまうものですよね。


お洒落な人々が集まるニューヨークのナイトスポット、ミートパッキングにディナーに出かけたときのことです。

前方にとても素敵な長身の女性が歩いていました。真っ赤なワンピースに豹柄《ひょうがら》のハイヒールを履き、黒のベロア素材に金色のチェーンがついたクラッチを持ち、自然にカールさせた黒のロングヘアをなびかせています。シンプルながらも華やかさのあるニューヨークスタイルは、遠くからでも輝きを放っていました。

そんなとき、前方の信号が赤になり、彼女が横断歩道の手前で止まりました。私は「チャンス！」とばかりに速足で彼女の前に一歩出て、斜めからさりげなく彼女をチェックしました。お洒落はお洒落の達人から学ぶ。その輝きの秘密を探ろうと思ったのです。

前から見ると、彼女は耳たぶが取れそうなほど重量感のあるイヤリングに、存在感がありすぎる幾重《いくえ》にも重なったネックレス、そして重ねづけのブレスレットをしていました。後ろから見たときはシンプルな美しさが輝いていたのですが、残念なことにアクセサリーが、品のない派手さを印象づけてしまっていました。

あってもなくてもいいものは外す

足せば足すほど華やかになると考えるのは、間違いです。美しくなるのに必要なのは引くこと、ファッションに大切なのは「引き算」です。**装いが完成し、出かける前に鏡の前でチェックすべきは、「足すのではなく引く」ということです。**何かひとつ外してみると、素の美しさに輝きが増します。

しかし、女性は往々にして足すのが好きで、トータルの調和を考えるよりも、一つひとつの華やかさに満足を見出す傾向があります。靴、携帯電話のケース、バッグ、手帳カバー、服やアクセサリー、ネイルなど、どれもそれだけで存在感があるものが好きです。

素で美しいものを組み合わせれば、美しさは増します。たとえば、ダイヤモンドの輝きで説明すると、5カラット、10カラット、20カラット。この3つの輝きは美しく調和されて、35カラットのまぶしい輝きを放ちます。ダイヤモンドの上品な輝きは、何個つけてもケバケバしくなることはなく、増えれば増えるほどゴージャスさを増していきます。

ところが、それぞれに存在感があるものを合わせすぎると、お互いをはじき合い、ゴージャスではなくケバケバしい輝きを放ってしまいます。それぞれはお洒落で美しくとも、足しすぎると品のない輝きにつながってしまいます。

バッグはヴィトン、スカーフはエルメス、サングラスは大きなCCロゴが目立つシャネルといったように、誰もが一目で認識できる主張のあるブランドでそろえると、ケバケバしさを醸《かも》し出してしまうのです。

大好きなココ・シャネルがこのような言葉を残してくれました。

「出かける前に、何かひとつ外したら、あなたの美しさは完璧になる」

美しくなりたいがために、足すことばかりに走ってしまうと、品のない派手さがプラスされ、逆にオリジナルの美しさがくすんでしまいます。これは、ファッションに限らず、メイクアップ、香水、生き方全般にも言えますよね。

ミートパッキングで見かけた女性の装いは、赤いドレスが主役で、豹柄のヒールが赤ドレスを引き立たせる脇役的存在。このふたつだけで、すでに美しい輝きを放っていました。存在感のあるアクセサリーは必要なく、一粒のダイヤが耳元に輝いているだけでゴージャスだったのです。

出かける前に鏡の前で迷ったときは、今日の装いの主役は何なのかを考えてみましょう。

ドレス？　靴？　バッグ？　アクセサリー？

主役を決めたら、それが引き立つように脇役をひとつ決めましょう。たとえばドレスが主役なら、脇役は靴にするのか、バッグにするのか、アクセサリーにするのか、アクセサリーの中でもどのアクセサリーにするのか。

主役と脇役が決まったら、その他の主張しすぎるものは、トーンを下げましょう。そして全体のバランスを見て、あってもなくてもいいと思うものは外しましょう。

どちらでもいいものは、あるよりもないほうが美しいのです。

ニューヨークのお洒落な女性たちの装いはシンプルです。これは鏡の前で「ひとつ外す」ことを心がけているからなのですね。

そして、誰もが一目で気づくブランド品で全身を固めることがないのも、それが自分の素の美しさを消してしまうことを知っているからです。

さあ、あなたも「引き算の美学」で、さらに魅力的に輝く女を目指してまいりましょう！　今日からはひとつ足さず、ひとつ引いてみましょう。

足しすぎはオリジナルの美しさをくすませる。

生涯現役、女であることを楽しみ尽くす！

「私、花嫁になるの！」

毎朝立ち寄るカフェで働いているマリーが、目をキラキラ輝かせながら私に言いました。パンプキンラテをマリーから受け取りながら、「もしかして、結婚式は10月31日？」と確認すると、「そうよ！」と頰《ほほ》を赤らめ上機嫌のマリー。

飲み物を受け取ったのにレジの前から離れようとしない私の後ろには、たくさんの人が並んでいましたが、みんなイライラするどころか楽しそうに私たちの会話に聞き入っていました。

「それで、誰の花嫁になるの？」と核心に迫る私の質問に、マリーはもったいぶりながら「フランケンシュタインよ」と答えました。

「わぁ〜、うらやましい！」と声を張り上げる私の後ろで、「Nice choice!（ナイスチョイス）」と誰かが言いました。

10月31日のハロウィンが迫ると、ニューヨークの街はハロウィンの飾りつけやカボチャのディスプレイで賑わい、人々は仮装の話題で盛り上がります。

ハロウィンの夜、ニューヨークでは全米最大のパレードが行われ、子どもよりも大人のほうが真剣に楽しみます。ターミネーターや光るガイコツなど、ありとあらゆる超大作の仮装に身を包んだ人々が街にあふれ、普通の装いで歩いているほうが浮いてしまうほどのお祭りです。この日ばかりは、仮装をした店員さんも多く、ドラッグストア、カフェ、ショップなどで誰もがハロウィンを楽しみます。

つい半年前まで、マリーはオーバーサイズの体形にグレーがかった髪を無造作にゴムで留め、ダボダボのジーンズ姿がトレードマークになっていました。私は、美しい顔立ちのマリーを見るたびに、もう少し自分に手をかけてあげたら光り輝くのに、といつも思っていました。

ところが、チューリップが咲き始めた春の頃、これまで女であることや恋愛をあきらめているように見えていたマリーの髪が美しい栗色に染まり、それを境に急に輝きだしたのです。

「もしかして恋？　マリーに春が来た？」と思った私は、周囲に誰もいない時をねらってマリーに声をかけました。「マリー、最近キレイになったね！」

マリーは、カフェのお客さんに恋をしたことを教えてくれました。そして、身だしなみを整えることに目覚め、半年間のダイエットと運動で、あのダボダボのジーンズからスキニーパンツ姿に変身しました。そんな彼女をお客さんの誰もが「キレイになったね」と褒め、褒められ続けたマリーは、その褒め言葉の威力でさらに輝きを増し、自分に自信を持てるようになったのです。

ある日、マリーは彼がお店に来る時間に休憩を取り、隣の席に座って彼が話しかけやすいように仕向けました。案の定、二人の会話は弾み、マリーはデートに誘われ、ついに彼のハートを射止めたのです！

褒め言葉のキャッチボールで自信をつける

彼女がキレイに変わっていく様子を見てきた私は、キレイになる3つの魔法に気づきました。それは、「恋心」「褒め言葉」「自信」です。

恋する人のためにキレイになりたいという思いが自分をキレイにする。そしてキレイになると人から褒められ、褒められると自信がつき、さらにキレイに磨きがかかる。これぞ「ミラクルトライアングルの法則」です。

女を美しくする美容法は山ほどありますが、心に刺激を与える「恋心」「褒め言葉」「自信」には、どんな美容法もかないません。

もし、あなたが年齢や体形などを理由に女をあきらめ、キレイをあきらめ、輝きを自ら捨てているとしたら、その封じ込めたものを今すぐ取り戻しましょう。

ニューヨークの女性は、女として美しくあること、キレイであることを、年齢や体形に関係なくいつも大切にしています。

たとえば、デパートの試着室で女性グループがそれぞれ試着した姿を見せ合い、「ゴージャス！」「セクシー！」とお互いを心から褒め合う姿をよく見かけます。初老のご婦人グループでも同じです。何歳になっても、ゴージャスでありセクシーである。これが女を思いっきり楽しみ尽くすことだと知っているのですね。

「褒め言葉」はキレイになれるキャッチボールです。あなたが「素敵なドレスね」と褒めれば、相手が「あなたのスカートだって素敵だわ。とてもよくお似合いよ」と褒め返してくれます。そんなとき、「これは本心だろうか？」と相手の言葉を疑う必要などありません。**褒め言葉は〝美薬〟、すぐに心に浸透させましょう。**

キレイでいるためには、自分を過小評価したりせず、いろいろなことに自信を持ってみることが大切です。お料理が上手、ファッションセンスがいい、優しくて思いやりがある。自分で自分を褒めて自信をつけ、人からの褒め言葉で自信をつける。これがあなたを輝かせます。

女に賞味期限も適齢期も引退もありません。大切なのは、女であることを忘れない、やめない、そして女を思いっきり楽しむことです。

あなたをキレイにするのは心の輝きです。「恋心」「褒め言葉」「自信」など、心をときめかせるものをいつも意識することで内面が輝き、キレイにつながるのです。

生涯現役、いつまでもキラキラ輝く女性でいましょうね！

心をときめかせるものを意識して、いつも自分に刺激を与える。

目じりのシワはハッピーライン

夏が舞い戻ってきたかのような9月。毎年恒例のニューヨーク・ファッション・ウィークが開催されるこの時季は、最新のファッションに身を包んだモデルやデザイナー、セレブたちを街のあちこちで見かけ、美しい街がいつも以上に華やぐ季節です。

メイン会場のあるリンカーンセンターには、たくさんのパパラッチや雑誌社のフォトグラファーが、セレブやお洒落の達人たちを撮影するために待機しています。一人のフォトグラファーが走れば皆も走り、大理石の廊下や噴水広場、階段をバックにフラッシュの嵐が始まります。

カメラの先にお洒落あり。お洒落への近道は、お洒落の達人に学び、そのテクニックを頂戴すること。そんな光景を見るたび、『おしゃれ泥棒』という映画のタイトルを思い出します。

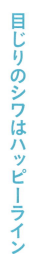

ファッションショーが終わったデザイナーたちは、マンハッタンのホテルラウンジやレストランなどで華やかなアフターパーティーを開催します。

その日、招待されたパーティー会場のクロークに荷物を預けていると、後ろから「エリカ」という声が聞こえました。振り返ると、ランジェリーデザイナーのアンドレアが立っていました。長身に金髪、青い目という美貌は、最後に会った1年前と全く同じですが、その美しさがどこか柔らかく優しくなった印象を受けました。

アンドレアに初めて会ったのも数年前のアフターパーティーでした。時が経つのは早いものだと、積もる話に花を咲かせながら一緒に会場に入り、お互いの近況を報告しあいました。

心地よい人間関係に大切なのは、心地よい距離感を保つこと。このニューヨークの女性の社交術を心得ている私たちは、いつも仕事やファッションの話が中心で、プライベートなことにはほとんど触れません。

ところがこのとき、アンドレアの薬指にはダイヤモンドが輝き、おなかには新しい命を宿したふくらみがあることに気づいたのです。私は慌ててアンドレアにお祝いの言葉を伝えました。そして、「印象がとてもまろやかに感じたのは、幸せオーラのせいだったのね」と言うと、彼女はニッコリ笑って自分の目じりのシワを指さし「これよ、これ」と言いました。

これまでの生き方がそのまま顔に表れる

年を重ねるほど、ニッコリ微笑めば浮かぶ目じりのシワ。老化の始まりかと気になり、美容皮膚科でボトックスを打つ人も多いようですが、私がボストンに留学していたとき、ホストマザーが素敵な言葉を教えてくれました。

「目じりのシワは、いわゆるシワではなくて、ハッピーライン」

笑顔にならなければできない目じりのシワは、その人が人生の中でどれだけ微笑んできたかという幸せの証だということです。本当にその通りですよね。このことを教えてもらったとき、素晴らしくポジティブなとらえ方に感動したものです。

そしてアンドレアも、自分の雰囲気が変わったのは彼女のハッピーラインによるものだと、目じりのシワを指さして教えてくれたのです。

毎日幸せで笑顔に包まれている今は、もう以前のようにボトックスを打とうとも思わないし、このハッピーラインが気に入っていると話してくれました。自然のまま、ありのままの自分が好きだということですね。

顔のシワはその人の生き様、表情はその人の人生、瞳はその人の心の輝きを表しています。たくさん笑っていつも幸せとともに生きてきた人は、ハッピーラインが目立ち、いつも不機嫌で怒ってばかりの人は、眉間のシワが深くなるでしょう。

たとえボトックスで消しても、また同じところにシワが発生してしまうのは、生き方が同じだからです。いつも笑顔が絶えない幸せな人とハッピーラインとは、強く結びついているのですね。

目じりのシワはハッピーライン。老けた、老化したと落ち込む前に、あなたがどれほど笑顔に包まれ幸せに生きてきたかというバロメーターであり、あなたの生き様であることを思い出してくださいね。

顔のどこにシワがあるか鏡でチェック！　それがあなたの生き様。

「目には見えない美しさ」を秘めた人になる

大都会ニューヨークは、ファッションと芸術の街、世界金融の中枢、そして多民族都市です。電車に乗れば、右からスペイン語、左からアラビア語、後ろから中国語が聞こえてきます。

私が子どもの頃にバイリンガル（2ヶ国語を話す人）の存在を知ったときは、世界にはすごい人がいるものだと驚きましたが、その驚きは驚きの内に入らないことをニューヨークの街が教えてくれました。バイリンガルで普通、4ヶ国語以上を話す人もいます。ニューヨークでは、その人の外見では何語を話す人か判断がつきません。

よって、日本人の私がフランス語で話しかけられ、「ごめんなさい、フランス語は話さないの（Sorry, I don't speak French.）」と英語で返事をしたり、どう見ても英語が話せる人だと思い話しかけると、「英語は話せないの（No English.）」と言われたりすることもあります。また、外国人から流暢《りゅうちょう》な日本語で話しかけられ、驚くこともあります。

言語に限らず、外見だけでは何も判断できないことを教えてくれたニューヨークで、私の「美しい人」の定義も大きく変わりました。

日本に住んでいた頃は「視覚的にキレイな人＝美しい人」と思い込んでいましたが、ニューヨークに住み始め、**「美しい人」というのは、その人の本質的な美しさによるもの**であることに気づいたのです。

胸が熱くなるチャリティーギフト

12月に入るとホリデーパーティーの招待状がたくさん届きます。ホームパーティーからお仕事関係まで、さまざまなところから届く招待状ですが、その中に多く見られるのがチャリティーに関する記載です。「子どもたちへのプレゼントをひとつご持参ください」というような、チャリティーギフト持参の心温まるお願いです。

友人のケイトが毎年招待してくれるパーティーは、「新品の子ども用のパジャマをギフトラッピングせずにそのままご持参ください」というものです。

初めてケイトからパーティーに招待してもらったとき、チャリティーギフトがパジャマであることを知り、なんて素敵なアイディアだろうと胸が熱くなりました。

きっと新年に新しいパジャマで幸せな眠りにつくということなのでしょう。誰でも、パジャマやリネン類が新しくなれば、気持ちよく幸せな気持ちで眠りにつけるものですよね。

ホリデーシーズンのチャリティーギフトといえば、おもちゃが多い中、こんな素敵なアイディアを考えたのは誰なのかとケイトに聞くと、自分だと教えてくれました。

そのとき、ケイトの心の奥に秘められた深い優しさや、環境によって育まれた品格を感じました。おそらくケイトも子どもの頃、新年になるとご両親が新しいパジャマを用意してくれていて、それを子ども心にうれしく幸せに感じたのでしょう。だから、ギフトを受け取る子どもたちにも、自分が感じた幸せを味わわせてあげたいと思ったのだと思いました。

その年、プレゼント用パジャマのラッピングは誰がするのだろうと気になった私は、集まったパジャマはどうなるのかとケイトに聞きました。すると、子どもたちがすぐに着られるように、洗濯してからラッピングすると教えてくれました。

その役はメンバーの持ち回りで、その年はケイトが担当することになっていたのです。質問しなければ永遠に知ることがなかった、ケイトの奉仕の精神や愛の奥深さに心を打たれた私は、お手伝いを申し出ました。

人は何でも目に見えるもので判断しがちです。「視覚的にキレイな人＝美しい」「視覚的に豊かな人＝リッチ」「視覚的に成功している人＝幸せ」。確かに、判断基準の多くは目に見えるものが先にきますが、本当に大切なものは目に見えない部分です。その人が信頼できる人なのか、心優しい人なのかといった人間の本質に迫る部分は、100%目には見えませんよね。しかし、心で感じ、心で視《み》ることはできます。

ケイトの愛情深さに触れて、**「美しさ」というのは、視覚ではなく心で感じるものであり、美しい行いがその人を美しくする**ということを学びました。

視覚的なキレイを追求して、完璧なお化粧に年齢を感じさせない肌、誰もがうらやむお洒落な装いに身を包んだだけでは「美しい人」にはなれません。人から見えない部分こそがキレイであり、美しくなければならないのです。

美しい行いは、時を経ても色あせない

美しい姿は美しい顔に勝り、
美しい行いは美しい姿に勝る。

これは、19世紀のアメリカの哲学者、エマーソンの言葉です。美しい行いとは、チャリティーに限らず、優しさや思いやり、深い愛情が注がれる行いであり、見返りや評価を求めたりしない行いのことです。

私はふと、子どもの頃の出来事を思い出しました。父の会社がいっせいに夏休みを迎える8月の5日間、真夏の日照りで会社の敷地に茂る木々が枯れてしまわないようにと、父は毎日私を連れて水やりに通いました。当時の私はまだ7歳くらい。父と一緒にドライブできることがとてもうれしく、会社の敷地に着くと、父はホースで水や

りをし、私はじょうろで花壇のお花に水やりをしました。

その父の水やりがどれほど美しい行いであったのか、当時は全く考えも及びませんでしたが、大人になり、ニューヨークに移り住み、ケイトに出会い、誰も知らないであろう夏休みの水やりのことを思い出しました。


あなたもきっと、誰かの「美しい行い」を思い出すことでしょう。ご両親やご家族、友人知人の行いで当時は気づかなかったことを、今ハッと思い出されているのではないでしょうか？

自分もそんな人でありたいと思うと同時に、自分が今まで気づかなかった誰かの美しい行いに心を寄せることができるというのは、心が透き通るような思いがします。

お子様がいる方は、お子様が大人になったときに、同じようにあなたの「美しい行い」に心を寄せるときがくるでしょう。素敵なことですよね。

誰かの心に自然に響くような「美しい人」でありたいですね。

あなたの美しい行いは、必ず誰かの心に響いている。

お洋服にアドレスとニックネームをつける

あなたはどんなふうにお洋服を収納していますか？　色別、アイテム別など、自分の使いやすい方法で収納されていることでしょう。そんな使いやすく収納されたクローゼットが、着ていく服を探すときに引っかき回され、ゴチャゴチャになってしまうことってありますよね？

そこでおすすめなのが、シチュエーション別収納。お洋服にアドレスとニックネームをつけることです。アドレスとは収納の位置、「ここ」という場所。ニックネームはその洋服を着るときのシチュエーションや目的を指します。

たとえば、「デート」というニックネームをつけたお洋服をクローゼットの一番手前にかける。「会議のある日」というニックネームをつけたお洋服をその脇にかける。「女子会」とニックネームをつけたお洋服をまたその脇に、「パーティー」とニックネームをつけたお洋服をさらにその脇にかける。

このように、ある程度のお洋服を目的別にニックネーム管理すると、あなたに足りないお洋服が見えやすくなります。たとえば、遊びの服ばかりで、正式な場に着ていくワンピースがないことに気づいたりできます。

シチュエーション別収納では、コーディネートの幅よりも「いつ、どんな状況のときに活躍するか」ということを考えて購入するので、時間の節約にもなります。

ニックネームは、あなたのライフスタイルに合わせてください。たとえば、「デート」という項目でも、「ドライブ」「休日の午後」「夜のエレガントなディナー」などと、シチュエーションを細分化しておくと、さらに選びやすくなります。

もうひとつ、この収納方法のメリットは、衝動買いが減ることです。「着る予定もないのに、こんなゴージャスな服を買っちゃった」というのは、女性なら誰にでも経験があることですよね。

個人的には「着る予定がなければ、その予定をつくって楽しみましょう！」と言いたいところですが、無駄なお買い物ほど落ち込むことはありませんよね。ところが、お洋服をニックネームで管理すると、自分のライフスタイルをしっかり把握できるので、これらの失敗は減っていきます。

また、**服をコーディネートした状態で目的別にクローゼットにかけておくのもおすすめです。**さらに、そのコーディネートを着た日に気づいたことや、褒められたりしたことなどを書いたメモをハンガーにぶら下げておきましょう。

たとえば、「12月20日　同窓会で男子たちの視線を感じた（男目線◎）」「1月30日　お洒落なAさんに『素敵！　どこで買ったの？』と聞かれた」のように。自分がさほど好きでなくても、他人から見ると評価の高い装いは意外に多いものです。それを忘れないためにメモするわけです。

褒められた装いは自信につながります。そしてこれは、イザというときの「勝負服」にもなっていくわけですね。

出番を待つ「女心を刺激するお洋服」を持つ

とはいえ、女のクローゼットには夢も必要です。現実ばかりではなく、**夢のお出かけ服を持つこともおすすめします。**

片想いの彼に初デートに誘われたときに着る服
来年の結婚記念日に、素敵なレストランでディナーのときに着る服
パリのエッフェル塔の前で、記念撮影するときに着る服
ニューヨークのブロードウエイミュージカルを観るときに着る服

こんなふうに夢を描くことで、ワクワク感を高め、実現へとつなげていくこともできます。ふだん着る服ばかりが並んでいるのは退屈です。いつ着るか分からない、女心を刺激してくれるお洋服も目立つところにかけましょう。

常に夢や心のときめきを持ち続けることは、女性としての輝きを増すことにつながります。

洋服はシチュエーションを設定してそろえる。

大切な人には手書きカードで想いを贈る

インターネットの普及とともに、文字を書くことが減る時代に突入しても、ニューヨークで美しく輝く人たちは手書きのカードを贈る習慣を非常に大切にしています。

カードショップには、お誕生日・記念日・ありがとう・あなたのことを想っています・早く元気になってね・お悔やみ・ハッピーハロウィン・メリークリスマス・あけましておめでとうなどなど、毎日誰かに何かを書くことだって可能なほど、バラエティーに富んだカードがそろっています。

想いを贈る——これは、メールでは補えない、カードの魅力です。ポストに届いた送り主からの封筒を見つけたときの心のときめき、封を開ける楽しみを感じる。時間をかけて選んでくれたであろうカードのデザインを楽しみ、書いてくれた文面に心を寄せる。それらは、なんとも言えない貴重な時間です。

限られた時間の中でカードショップに出向き、たくさんのカードの中から1枚を選び、文章を書き、投函する。あなたの相手への想いは、何十倍にもなって届きます。あなたの優しさや品格も一緒になって届くでしょう。

アメリカでは、たくさんの記念切手が発売されています。愛する人にカードを贈るときには「ＬＯＶＥ」という切手を貼り、クリスマスにはトナカイやツリーの絵が入った切手を貼るというように、カードの目的に合いそうな1枚が必ず見つかります。

私も、ニューヨークに来てからカードを贈る習慣を大切にするようになり、届いたカードにどのような切手が貼られているかを見る楽しみも増えました。カードのお礼を述べるときに、切手のセンスの良さも伝えると、そんな細かい部分まで見てくれていたのかと、大変喜んでくださいます。

想いを伝えるのは、やはり手書きのカード。その人に想いを寄せるひとときを大切にし、あなたのことを想っていますよ、という気持ちを贈りたいですよね。

ご両親や大切な方にカードを贈ってみましょう。お誕生日や何かの記念日でなくても、小さな思いやりと、日頃の感謝を短くしたためてみましょう。ポストに届いたあなたからの封筒を見つけたとき、どんなに喜ばれることでしょうか。きっとそのカードは、その方にとっての宝物となり、日記帳に挟んだり、壁に貼りつけたりして、いつまでも大切にされることと思います。

カードは、メールや電話では届けられない「心の贈り物」なのです。

メールよりも、カードに手書きで気持ちを綴ってみる。

「Heart of Gold」で生きる

ソーホーにある、食の人気セレクトショップ「ディーン・アンド・デルーカ」。世界中から取り寄せられた食材が並ぶこのお店には、一口サイズのチーズ盛り合わせがバリエーション多く用意されています。

その日、仕事が一段落した私は、久しぶりにおいしいチーズをおつまみにしながら家でゆっくりワインを味わおうと思い、会社帰りにディーン・アンド・デルーカに立ち寄りました。

季節は、バレンタインデーのギフトが賑やかに並び、LOVEの文字とハートマークが街中にあふれる2月のニューヨーク。チョコレート売り場はいつも以上に華やかさを増しています。私はそこに吸い寄せられるように近づきました。

そこでパッと目が留まったゴールドのハート形の箱に入ったチョコレート。ライトに照らされて黄金色にキラキラ輝いていました。そのチョコレートを眺めていたら、ニューヨークの女性たちの会話によく登場する素敵な言葉「Heart《ハート》 of《オブ》 Gold《ゴールド》」が浮かびました。

たとえば、友人のサラが大変優しくて思いやり深い人だと表現したいときは「Sarah has a heart of gold.」と、愛らしいハートを引用した言葉で表現したりします。

「Heart of Gold」は直訳すると「黄金の心」で、たくさんの素敵な意味があります。思いやりがある、理解のある、気遣いのできる、寛容で度量の広い、優しい、可愛らしい、無欲な、人の役に立つ、高潔な、心ある人など。

「あなたって本当に優しい人ね」と英語で伝えるとき、「You are nice.」「You are kind.」「You are great.」などさまざまな表現がありますが、「You have a heart of gold.」という表現は、その表現を使う人の品格を感じさせる言葉です。同時に、そう言われた当人は、「nice」「kind」「great」よりも、もっと人間の本質的な部分に気づいてもらえたようでうれしく感じるものです。

私も「You have a heart of gold.」と言われた経験があります。友人のホームパーティーに招かれ、ゲストながらも空いたグラスをまとめてキッチンに持っていったり、パーティーを楽しみながら雑事のお手伝いを無意識のうちにしていたりしたときのこと。友人がそんな私のことを他のゲストに「Erica has a heart of gold.（エリカって心優しい人なのよ）」と言っていたよと、後から風の便りで伝わってきて、とてもうれしく感じたものです。

「You have a heart of gold!」は、相手の心の本質的な美しさを形容するときの、とても美しく知的な言葉だと、ニューヨークに来て初めて知りました。

どんなときも人として失ってはいけないもの

ニューヨークは生きるのが世界一厳しい街だと言われます。能力主義の社会に生きるニューヨークの人たちは、成功や夢の実現のために心を鬼にする厳しい一面もあります。しかし、それは彼らの人間的本質とは限らないのです。

たとえ仕事では厳しくても、チャリティーやボランティアなど、社会貢献や奉仕の精神に富んだ本質的な部分で「Heart of Gold」の人もたくさんいます。
成功や夢の実現のために心を鬼にするのは、誠実に自力で努力を重ねるためであって、心の美しさや優しさを捨て、誰かを犠牲にしたり、その人の失敗を踏み台に欲深い近道をしたりして挑むこととは違うのです。

「Heart of Gold」は、その人の心の美しさです。たとえ、何かに行き詰まっていたり、計画が失敗し挫折感でいっぱいであっても、反対に、仕事に成功して富や名声を得て雲の上の存在になったとしても、人として失ってはいけない根本的なものです。

偶然見つけたゴールドのハート形のチョコレートは、「どんなときでも自分の本質、美しい心を見失ってはいけないよ」というメッセージに感じられました。

自分の本質を見失わない生き方を心がける。

第4章

「どんなことにもへこたれない」のが
世界基準の美しさ

嫉妬される女は誰よりも魅力的

なぜ、この人は私に意地悪なのか？　何か気にさわることを言ったかしら？　そんなふうに頭を悩ませる経験は誰にでもありますよね。

そして、もしかして私は嫌われているの？　私のどこが悪いの？　とモヤモヤした気分に包まれ、気重になることもあるでしょう。


ニューヨークに、長年通っているお気に入りのブティックがあります。お客さんとちょっとした世間話を楽しんだ後、程よいところで「何かあったら声をかけてね」とお客さんからスーッと離れていく店員さん。その接客がとても心地よく、私の大好きな空間です。

そのブティックで、インターン（職業研修生）として働きだしたイネスに初めて会ったのは、太陽がまぶしく輝くある夏の日でした。以前このブティックで購入したワンピースを着ていた私を、店員さんたちが「素敵、素敵」と褒めてくれているところに、イネスはやってきました。長身で細身の彼女は、これからブティックでたくさん経験を積んで研ぎ澄まされ、あか抜けていくのだろうなという印象でした。

ある日、そのブティックでショッピングを楽しんでいると、イネスが横にやってきて、私のサイズのお洋服のほとんどを手に取り、「こちらなどいかがですか？」と遠く離れたお客さんに持って行ってしまいました。私は彼女の行動を不可解に思いながらも、たいして気に留めずにブティックを後にしました。

しかし、その後も彼女は私を見つけると、私サイズのお洋服をごっそりラックから持ち去るのです。店内に他のお客さんがいない場合は、「こちらはお取り置きです」と言いながら他のラックへ移動させます。明らかに、私にお洋服を買ってもらいたくないという意地悪でした。

なぜ？　彼女に嫌われる理由も見当たらず、真意が読めない私は、友人でファッションモデルのアドリアーナに相談しました。

すると彼女は笑いながら、「それはね、エリカに似合うのが目に見えるから、着てほしくない、褒められてほしくない、魅力的になってほしくない。だから売りたくないのよ。無意味な女の嫉妬ね」と教えてくれました。

ファッション業界で生きるアドリアーナの読みの深さに感心しながら、私は大きくうなずきました。

意地悪で傷つくのは意地悪をしている本人

「素敵だな、うらやましいな」という気持ちは、誰の心にも存在するポジティブなものです。「自分もいつかあんなふうになりたいな」「あんな洋服が欲しいな」。そんな爽やかな憧れに通じるような気持ちです。

しかし、「うらやましい」が強さを増して度を越すと、「妬《ねた》み」というネガティブなものに変わり、意地悪へとつながります。

意地悪されるのは、あなたに非があるからというわけではありません。あなたの魅力が意地悪を引き寄せてしまうのです。排除しても排除しても、引き寄せられてやってきます。

意地悪な人は、気持ちにブレーキをかけられない、心のハンドルをしっかり握れない、いわゆる暴走自転車に乗っているようなものです。そんな人と真正面から向き合うのは、ブレーキの利《き》かない暴走自転車に、「どうぞ衝突して、私を傷つけてください」と言っているようなものですよね。

操縦不能な自転車に「危ないじゃない！」と怒ったり、「きゃ〜」と叫んで逃げる必要はありません。無反応で静かに進路を譲る。ヒョイと一歩よけて、通過させてあげましょう。あなたは感情を表に出さず、いつも通りに振る舞いながら、その人との距離を広げましょう。

「意地悪はまともに受けない」が一番です。相手はコントロール不能の暴走自転車だということを忘れないでくださいね。いつかどこかの壁に自ら激突し、自分の愚かさに目が覚めるでしょう。意地悪で傷つくのは、意地悪している本人です。

あなたの魅力や輝きは、たくさんの幸運を引き寄せると同時に、意地悪も引き寄せてしまう。そう知っていれば、どうってことないですよね。意地悪や嫉妬は、魅力的に輝く女の勲章なのです。

その後、イネスは解雇されました。私だけでなく、他のお客さんにも同じことをしていたことが発覚したのです。

彼女の履歴書に残る「解雇」の文字。彼女は輝かしい人生の幕開けに、自らドロを塗ってしまいました。意地悪で傷ついたのは彼女本人なのです。

人間は浅はかで愚かな生き物でもあります。誰だって間違いを犯し、誰かを傷つけてしまうこともあるでしょう。自分の愚かな過ちに気づいたときに大切なのは、そこから成長することです。意地悪をした人は、傷つけてしまった人に心から謝りましょう。これがあなたの成長です。「謝れる人」になりましょう。

そして、謝罪を受けた人は、その人を許してあげましょう。**「許せる人」は自尊心の高い人です。自分と同じくらい他人を大切にする人は、自分を傷つけた人の心の痛みが癒やされるのを願うことができる人です。**

このように、つらい経験も成長の糧《かて》にする生き方が、あなたの器を大きくし、さらに美しく輝く強い女に成長させていくのです。

傷つけたら謝れる人、意地悪をされたら許せる人になる。

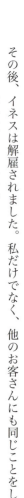

知的レベルの高い信頼できる男友達を持つ

女性のライフスタイルは、幾度となく変化の時を迎えます。結婚や出産により新しい役割が増え、人間関係も大きく変化します。

卒業後、なんとなく疎遠になった学生時代の友人、結婚退職で連絡が途絶えた職場の友人、子どもの進路が分かれ会わなくなったママ友、お稽古をやめた途端、音信不通になった教室の友人……あなたにも思い当たることはありませんか？

女性はライフスタイルの変化によって、友人をごっそり入れ替えてしまうことが多いのです。人間関係を自分と同じ環境に身を置いている人だけで構成し、共通の話題を楽しめるひとつの世界に生きがちです。その理由は〝近距離のコミュニケーション〟が大好きな生き物だからです。

一方男性は、ライフスタイルの変化に合わせて友人関係を調整することはしません。学生時代の友人も、職場の友人も、子どもの学校関係や近隣の友人も、いつまでも共通の話題を楽しめる友として存在し続けます。人生のワンステージを一緒に生きた「共通性」を持つ仲間を、いつまでも大切に仲良くできる生き物です。

なぜ、男女はこうも違うのか？

それは、女性は友人関係に「共感」を求めるからです。同じ意見や考え方を持つことに心地よさを感じる女性は、「そうよね、そうよね」といった同意やうなずきに重きを置きます。全く違う意見を述べようものなら、「この人とはちょっと（お友達として）合わないかも」という判断に結びついてしまうのです。共感の度合いが増すと仲良しになり、共感できることが少なくなると疎遠になってしまうのですね。

それに対して、男性は「共感」を求めません。論理的に物事をとらえ、客観的な意見をストレートに述べるのが得意なので、あらゆることをテーマに意見交換的な会話ができます。「共感」を求めた関係ではないので、お互いの持つ違った視点や意見に触れることができ、幅と奥行きのある友人関係が築けます。男性は、お互い全く違う人生を歩んでいても、「共通性」があればいつまでも仲良く楽しく過ごせるのです。

本来、「共通性」があれば、それだけで友人になれるものですが、女性は共通性の中からさらに「共感」で細分化してしまう傾向があるのですね。

この違いを考えると、長く付き合える友人は女性よりも男性が向いています。

男友達は遊び感覚で選ばない

あなたには、男性の友人がいますか？

恋愛感情を持たない「友」と呼べる男性の友達はいますか？

私は、日本にいた頃から、男友達が多い人生を歩んできました。ずっとビジネスの世界に身を置いてきたという「共通性」も大きく影響していますが、「共感」することに重きを置かない、感情から入らない男性の性質が、男らしく生きる私にはぴったりマッチするのです。私情をはさまない的確な意見、忠告や助言、目の覚めるような厳しいことを言ってくれるのは男性で、ドライで論理的に会話が運ぶのも楽しく、ニューヨークでも、男友達のほうが多いのです。

男友達をつくるきっかけは身近なところにもたくさんありますが、おすすめは自分が友人になりたい人が集まるような会やセミナーに、どんどん参加してみることです。

日本にいたときは、同じ職場や異業種交流会での出会いから友人関係に発展しました。ニューヨークでもビジネスセミナーやパーティー、友人の紹介や仕事上の出会いで友人になります。

中には、男女の性の垣根を越えて友情関係を成り立たせるのは難しいと考える人もいるでしょう。確かに、恋愛感情が芽生えたり、夫や恋人と比較したりすると、友人関係は成り立たないものです。

また、男友達をあなたのタイプで選ぶと、クールな友情関係は築けません。遊び友達という位置づけではないので、ルックスがどうか、年齢がどうか……。これらは全く関係のないことです。

大切なのは「知的レベル」が合う人かどうか、信頼のおける人かどうかです。**自分の成長にたくさんの気づきを与えてくれる人かどうかが大切なのです。**

客観的なアドバイスを求めるなら、男友達が適しています。男性のほうがひとつのことを検証する能力に長け、話が違う方向にぶれません。

アメリカは男女平等の国、何につけても性別で分けることをしません。女性のファッションブティックでもたくさんの男性スタッフが働き、試着室も任されます。「試着した洋服が自分に似合っているかどうかは男性スタッフに聞け」という言葉があります。男性のほうが客観的に意見を述べてくれるからですね。

男友達の客観的なアドバイスを自己成長に役立たせる。

自分とは違う視点からの意見を自己成長に役立たせるかどうかは、あなた次第です。無意味な競争や比較、妬み恨《うら》み、利用したり、踏み台にしたり、これらと無縁でフェアーな友人関係はいいものです。

遊び友達ではない、自分の成長を後押ししてくれるような、知的レベルの高い信頼できる男友達は、あなたの人生をさらに豊かにしてくれるでしょう。

つらいときこそ投げ出さない

ニューヨークのお楽しみのひとつといえば、ブロードウエイのミュージカルを観ることです。その舞台に立つことを夢見て、子どもの頃から歌や踊りの練習を続けてきたミュージカルスターたち。そんな彼らが繰り広げる熱い感動の舞台です。

マンハッタンの街角では、ダンス衣装を身にまとい、舞台用のメイクアップでオーディションを待つ人々の列が、ビルの会場から外へ一列に延びている光景をときどき見かけます。その長蛇の列の中から舞台に立つチャンスをつかむ人が出るわけですが、その人に幸運が舞い降りたのは、単なる偶然ではありません。どんなにつらくても、練習を怠らず努力を重ね、継続してきたからですよね。

必死にがんばって、限界を感じながらもやり続けているとき、「本当にこのがんばりが何かにつながるんだろうか？　このままでいいのだろうか？」と不安にかられることもあるでしょう。

私自身も、ニューヨークで自社製品「Erica in Style」の開発の最中、「本当にこの努力は、製品完成につながるのだろうか？」と、不安に感じたことがありました。しかし、不思議と投げ出そうと思ったことは一度もありません。

上手くいかないこと、つらいことに取り組み続けるのは、何ら特別なことではなく、日常のことなのです。そう考えて目の前のことをやり続けていくと、不安な気持ちは、いつしか〝自分を信じて突き進もう〟という気持ちに変化していきます。

さらに、つらく厳しいことに取り組み続けるのは、夢の実現のためだけではありません。あきらめずに続けているうちに、継続力や粘り強く努力する力がついてきます。自分を強くたくましくしてくれる「継続する力」まで、手にすることができる。これぞまさに、〝一石二鳥〟です。

「自分を癒やしすぎ」にご注意！

「がんばらなくていい」という言葉を日本で聞いたとき、驚きました。疲れたと感じたら、体を休めて、癒やしに走る――。果たしてそれは本当に、〝自分を大切に生きる〟ということにつながるのでしょうか？

がんばるのは、結果を出すためだけではありません。自己鍛錬です。「がんばる力」「継続する力」「粘り強く努力する力」を育むためです。これらは、ただ座っているだけでは育まれませんよね。つらくても苦しくても続ける中で、育まれるものです。

もし、がんばることをやめてしまったら、「自分に厳しくできない人」「自分との約束が守れない人」になるだけです。

まずは、「自分との約束を守れる人」を目指して、小さなことから続ける力を育んでみましょう。取り組めそうなハードルの低いことを選び、コツコツ続けるトレーニングを自分に課してみましょう。

たとえば、週2回は駅まで自転車で行くのをやめて往復徒歩にする。大好きなラーメンは週1回だけにする。知らない英単語を毎日3つノートに書き出して覚える。こんなふうに、まずできそうなことを選びだし、継続してみましょう。

自分をがんばれない人にするのも、がんばれる人にするのも、あなた次第です。自分に厳しくすることで、強くたくましく成長します。

疲れた心と体を癒やすことを考える前に、「疲れない心と体」にするにはどうすればいいのかを考える人になりましょう。

楽なほう、楽なほうに進むよりも、つらく厳しいほうへ進める人になりましょう。そうすることで、人生の荒波をスイスイ越えていけるようになります。つらさの中でがんばることに喜びを感じ、継続し続ける自分を褒めちぎることができる、そんな強くポジティブな人に成長します。

ニューヨークは、自分に厳しく生きる人の街です。競争の激しい大都市で、何があってもへこたれず、逆境に向かってたくましく突き進む凛々《りり》しい姿は、ここから育まれているのです。

私たちも凛々しい生き方を目指してがんばりましょう!

できそうなことを継続し、自分との約束を守れる人になる。

幸せになるために「今を大切に生きる」

真夏の夕暮れどき、友人デーヴィッドに星空の下で楽しむ映画フェスティバルに誘われ、ミッドタウンにあるブライアントパークへ行きました。

中央の芝生広場には巨大スクリーンが設置され、ピクニックブランケットを広げたたくさんの人々ですでに賑わっています。持参したチーズやクラッカーを楽しみながら、誰もが仕事帰りの夜のピクニックを楽しんでいる様子でした。

映画上映開始は〝日没後〟。あたりが段々と暗くなり、マンハッタンのビルの明かりが美しく輝きだした頃に、映画が始まります。

この日の映画は、ジェームス・ディーンの『理由なき反抗』。映画が始まるまでの間、ジェームス・ディーンのファッションのことや、彼が若くして不慮の事故で亡くなったことなどをデーヴィッドと話していました。するとデーヴィッドが急に思い出したかのように、彼の有名な言葉を口にしました。

「Dream as if you'll live forever, live as if you'll die today.」
（永遠に生きるかのごとく夢を見ろ、今日死んでしまうかのごとく生きろ）

ハリウッドの大スターになるという夢を実現し、24年間という短い人生をこの言葉通りに生きたジェームス・ディーン。その言葉の意味を考えながら観た映画は、心に深く染み込み、その夜は「生きる」ということを考える特別な日になりました。

明日という日が必ず来るとは限らない

「生きる」とは、不思議なものですよね。意識せずとも心臓は動き、呼吸をしてくれる。夜になったら眠り、朝になったら目覚める。それを繰り返しているうちに、自然に歳を重ね、体は成長し、いつしか大人になっている。健康であれば、私たちが意識しなくても体は生き続け、明日も、明後日も、今日と同じが延々と続く。

今日の24時間の次には、明日という新しい24時間が自動的にやってくるため、時に人は、時間のありがたみを忘れてしまいます。「今を大切に生きる」という意識が薄らいでしまうのです。

「時間がない。忙しい。今日はもう疲れた。明日にしよう」。そんな言い訳ばかりして、今日できることを先送りしていませんか？

これは、明日という日が必ず来ると何の疑いもなく思っているからですよね。この思いが「今」という貴重な時間をおろそかにし、夢を自ら遠ざけます。

今できることを先送りしない。

「今を大切に生きる」とは、今生きていることに感謝し、「今」できることを後回しにしないことです。それは誰のためでもなく、あなた自身のためにです。

「時間がない、忙しい」が口グセであれば、**「時間はある、見つければある」**という口グセに変えてみましょう。自分をコントロールできる人、自分に指示できる人になりましょう。明日も今日と同じとは限りません。大切な何かが大きく変わってしまうかもしれないのです。「今を大切に生きる」のは、後悔しないためだけでなく、より幸せであるためにです。

錆《さ》びた女にならない

気温が氷点下になる真冬でも、ドレスアップを楽しむニューヨークの夜。女性は肌を出したドレスを身にまとい、素足に美しいハイヒールを履いて出かけます。

ロングドレスに羽織る毛皮の上着などは、ボレロ風の袖が短いものが多く、毛皮の暖かさは体のほんの一部分だけ。手足は凍るように冷たかったりします。それでも、一歩家を出た瞬間から完璧に華やかで美しくありたいと考える女心が勝り、雪だるまのように着込んだ格好で現地に到着することはありません。

ニューヨークに住み始めた頃、この真冬のドレスアップを見て「ニューヨークの女は強い」と感動したことを思い出します。

このように、季節を問わずパーティーや食事会など楽しむことを大切にしているニューヨーカーですが、真冬に運動となると腰が重くなる人もいます。

他の季節に比べ、どうしても運動量の減る冬。だからこそ、今まで以上に気を引き締めて取り組むことを大切にしている人もいる一方で、〝暖かい家から出たくない病〟におかされる人も出てきます。

友人のナオミは、冬のジム通いに消極的になり、体重がどんどん増加して、面倒くさがりの性格に変わってしまいました。

家ではいつもゆるゆるのスウェットパンツを履き、締まりのない格好でゴロゴロ。そんな姿に愛想を尽かした恋人のジョンから、「気持ちが冷めた」と宣告されたのです。さらに追い打ちをかけるように、「君は錆びた女になってしまった」というひと言をくらったそうです。

ジョンは週3回、仕事前に朝6時からプールで1時間泳ぎます。仕事が終わってからジムに行く人が多い中、それをすると帰宅が遅くなりナオミとすれ違いの生活になるので、運動は朝にして、夜は二人でご飯を一緒に作り、ゆったりした時間を過ごすのが彼らのスタイルでした。

初めてそのことを聞いたとき、ジョンはなんて心の優しい男性なんだろう、そんなジョンに愛されているナオミは幸せ者だと思ったものです。

しかし、彼女は変わってしまいました。彼が帰宅して最初に目にするのは、ヨレヨレのスウェットでゴロゴロし、健康意識も美意識もなければ、恋人気分も盛り上がらない、錆びついて輝きを失ったナオミの姿です。

ジョンが「錆びた」と言ったのは、レオナルド・ダ・ヴィンチの有名な言葉を引用したらしいのです。

鉄は使わないと錆びる。
よどんだ水は濁る。寒さには凍結する。
同じように活動の停止は、精神の活力を喪失させる。

初めて聞く言葉に、私はうなりました。重い腰を上げて動こうとしないナオミは、精神の活力を失ってしまった。まさにこの言葉の通りです。

そして、彼女もこの言葉にうなったそうです。錆びついて、濁って、凍りついて、活力を失ったのみならず、大切な恋人まで失いかけている自分……。鏡に映ったそんな自分の姿は赤錆にまみれているように見えた、と言いました。

やる気が起きないのは、錆びついている証拠!?

レオナルド・ダ・ヴィンチの言葉は、ありとあらゆることに当てはまりますよね。

たとえば、がんばっていることをやめてしまえば、自分の心の中に燃え上がっていた情熱の炎はだんだん小さくなり、いつしか消えてしまいます。行動することや頭の中で考えることを停止してしまえば、自然と興味が薄れてしまうのですね。

頭や体は、どんなときも動かさなくてはいけません。考えることをやめれば気持ちは冷め、動くことをやめれば、ダラダラした怠惰な自分になってしまいます。

もし、あなたが今やる気が起きない状況だとしたら、錆びついているのかもしれません。このまま放置すれば、どんどん錆びつくだけです。

錆びてしまったら、もう手遅れだと途方に暮れてあきらめますか?

錆は磨けば取れます。よどんだ水にキレイな水を足していけば、濁りは流れていきます。凍結は、あなたの情熱で溶かすことができます。

手遅れでも何でもないのです。あきらめるのは早すぎますよ。**今から心を改めて考え、動くことで、すべてを元通りにできます。**いえ、元通り以上のものにすることだってできるのです。たとえば、昔の体形に戻りたいと願うなら、行動あるのみです。動かしていなかった体を少しずつ動かしてみましょう。勉強も趣味の世界も、仕事へのチャレンジも同じですね。

「錆びついた女」という言葉はナオミを改心させる特効薬となり、ジョンが離したくない女に見事返り咲きました。

長年放置したからもうダメだとあきらめず、行動してみましょう。きっとピカピカに輝く自分になれますよ。

どんなに錆びついても、努力次第で取り戻せる！

「似たり寄ったり」に酔いしれない

「キレイになりたい。モデルみたいにキレイになりたい。あわよくばモデルになりたい！」

その願いを叶えるために、雑誌で流行ファッションやコスメを研究し、人気モデルを真似る。髪はカラーリングしてナチュラルな巻き髪。まつげエクステもしたし、人気のブーツも買った。ルックスは完璧！　周囲を見回すと、素敵な人はみんな私みたいな格好。よかった～、私は時流に乗っている。この調子でいけば、私もスポットライトを浴びられるかも。

こんなふうに思ったことはありませんか？

スポットライトは、〝似たり寄ったり〟を照らしません。スポットライトは〝その人だから〟照らすのです。

ファッションの都、ニューヨーク。世界中からファッションモデルを目指す人たちが押し寄せる街です。まさに、美の競演の街といえるでしょう。

成熟するのが早い西洋人は、ティーンエイジャーのうちから女の美しさを輝かせ、モデル市場でも15歳、16歳といったモデルが大活躍しています。若いほど、赤ちゃんのような肌の透明感やハリを持っているのですよね。

となると、危機を感じる20代のモデルたち。誰が見ても、美しく光り輝く美貌と抜群のスタイルを持っているのですが、その中にピカッと光るものがないと、輝きの中の一粒でしかないのです。

最近では、性別にとらわれない「クロスジェンダー」と呼ばれるモデルさんたちも出てきました。男性モデルが女性のイブニングドレスを着る、女性モデルが男性モデルとして活躍する。キレイで美しいだけでは、スポットライトは浴びられないのです。中性的な美しさや、個性的な美しさなど、服に負けない強い個性がないと出番が回ってこない厳しい世界です。

スポットライトは常に新しいものを照らす

美しさは多様化しています。今もてはやされているキレイが、来年も「キレイ」と称されスポットライトを浴びるかといえば、それは分かりません。**「今」を追いかけ全力疾走しても、たどり着いたときは「過去」になっているかもしれない**からです。

つまり、スポットライトは常に、新しいものの新しいものを照らすということです。今すでにあるもの、似たり寄ったりのものには、興味を示さないということです。

あなたは、似たり寄ったりを目指していませんか？

日本はひとつのものが爆発的に流行り、流行っているものがよいと評価される風潮があるように思います。金髪が流行ればみんな金髪、ボブが流行ればみんなボブ、スニーカーが流行ればみんなスニーカー。自分の姿やクローゼットを眺めながら、「美容院に行って、髪の毛切らなきゃ」「スニーカー買わなきゃ」と振り回されていませんか？

似たり寄ったりを追いかけるということは、大衆に埋もれるということです。他と比べて特に優れていないということです。そんな自分は好きですか？

流行に左右されず、個性を大切にする、これが世界基準の美しさです。海を渡れば、日本のように、誰もが同じという流行は存在しません。誰もが自分の個性を大切にし、自分のよさを大切にした美を育んでいます。

流行に左右されない自分を持つ。

ニューヨークの女性は、流行とは取り入れるもので、自分を左右するものではないととらえています。流されない自分をしっかり持っているのですね。

似たり寄ったりに安心感を抱くのではなく、自分らしい輝きに安心感を持てる人になりましょう。あなたがそうなれたとき、スポットライトのほうから追いかけてくるような、光り輝く美しい人になっているはずです。

人生に不可能はない！

ニューヨークの人たちは、友人に贈るバースデーギフトに気の利いたユニークなものを選びます。私がもらった中で記憶に残るユニークなものといえば、『JAPAN』というタイトルのCDでした。

「エリカの好きな曲がたくさん入っているはず。聴いたら私にも貸してね！」と贈られ、恐る恐る裏面の曲目リストを見てみると、演歌や童謡などで構成されていました。昭和の名曲30選というようなCDをアメリカ人の友人からプレゼントされるとは、なんとも楽しい思い出です。

そしてもうひとつの記憶に残るプレゼントは、英語の言葉がプリントされた小皿です。そこには「Anything is Possible」と書かれていました。直訳すると「何だって可能になる」という意味で「人生に不可能はない」という言葉です。アメリカ人が大好きな、非常にポジティブな言葉です。

人生にチャレンジしている私にピッタリだと選んでくれたギフトでしたが、当時、私は仕事で壁にぶち当たっていました。誰も知らないことでしたが、そんなときに偶然目の前に現れた1枚の小皿が私を励まし、壁を乗り越える力を与えてくれました。

人生、山あり谷あり、何事も計画通りに進まなくて当たり前と分かっていても、いざ直面すると自信喪失、本当にこれでいいのだろうか、自分の選択や決断は間違っているのではないだろうかと、不安にかられることってありますよね。

そんなとき、不安を打ち消すのに大切なのが「自信」です。自信とは、自分で自分を信じることとです。

何かを可能にしたければ、まずは自分で自分を信じましょう。自分を信じているから、不可能なことも可能になるようがんばれるのですよね。

熱意が不可能を可能にする

その後、大きな文字でお皿一面に書かれた「Anything is Possible」を眺めながら、不可能を可能にするにはどうしたらいいのかを考える日々が続きました。

そんなある日、好きな言葉を綴っているノートを開くと、そこに大きな文字で書かれていた言葉を見つけました。長らく忘れていた言葉です。

「不可能の反対語は可能ではない。不可能の反対語は熱意だ」

熱意が不可能を可能にするということです。自分を信じ、必ずできる、必ず越えられると今日まで歩んでこられた私の原動力は、まさしく熱意です。

1枚のお皿がいろいろなキーワードを手繰《たぐ》り寄せ、自分を信じることの大切さやその意味を知らせてくれたのです。私は、そこから壁を乗り越える力を得て、前へと突き進むことができました。

「人生に不可能はない」(Anything is Possible)。その言葉の意味を深く心に焼きつけたとき、今まで以上に自分を信じて一歩一歩前進することができるでしょう。

前へ前へと突き進む力は、自分で自分を信じることで培《つちか》われる。

凹《へこ》まない、出る杭《くい》になる

白いパラソルが並ぶソーホーのお洒落なテラス席に友人のボブと座っていると、「バラの花はいかがですか？」とテラス席に座るカップルに声をかけている花売りの人がいました。最近ではほとんど見かけることはありませんが、観光シーズンやバレンタインデーなどのロマンチックな時期になると、バラがたくさん入ったバケツを抱え、こうやってカップルの男性に声をかけて歩いています。

誰か買う人がいるのかな、とぼんやり眺めていると、目の前に座っているボブが突然手をあげて、花売りの人に「ここ！」と手招きしました。

彼はバラ1輪にお金を払い、ニコニコ微笑みながら私に差し出しました。周りの人たちから「お幸せに」という熱い視線。完全に勘違いされている、と思いながらも「ありがとう」とニッコリ笑みがこぼれました。

この日私は、凹んだ気持ちを彼に打ち明けていました。数ヶ月かけて進めてきた交渉が、突然決裂になったのです。そんな私に、恋人ではない、起業家の先輩である彼が買ってくれた1輪のバラは、愛ではなく激励のバラでした。「目を覚ませ！　凹まず前へ出ろ！」というメッセージだったのです。

とはいえ、男性から花を贈られるのはいい気分です。しかも、大衆の面前で贈られるのは、プリンセスになった気分です。

さっきまでの悲痛で最悪な気分が一気に吹っ飛び、目が覚めました。長時間持ち歩いていたのか、すでにしおれかけているバラの花。私は、すぐに自分の水のグラスに差し、「絶対乗り越える！」、そうボブに宣言していました。

壁にぶち当たったときというのは、どうしても思考が狭まってしまうものです。多方面から考えてみれば、あらゆる解決策が見つかるのに、視野が狭くなっているため、一方向からしか見ることができません。結果、堂々巡りを繰り返し、気持ちがどんどん凹んでしまう。ネガティブの渦に巻き込まれてしまうのですね。

こんなとき、自分にかけるべき言葉があります。

それは、「Go to the balcony.（バルコニーに行け）」。

アメリカで使われるビジネス用語のひとつで、一度その場から離れ、冷静さを取り戻しなさいという意味です。怒りが抑えられないとき、ショックを受けたときなど、あらゆる場面で、自分をネガティブの渦から救い出してくれる魔法の言葉です。

しかし、そのときの私は、ショックのあまりに凹み、この魔法の言葉さえも忘れてしまっていたのです。それを察知したボブが、バラの花でバルコニーに行くことを思い出させてくれ、私は状況を客観的に見つめることができました。

試練はあなたを試している

壁にぶち当たるたびに凹んでいては、いつしかぺちゃんこになってしまいます。それほど人生にはたくさんの壁があります。

壁は、あなたの意志や情熱を試すためにあります。本当にこの壁を乗り越えてでも、夢や目標に向かって前に進みたいかどうかの意思確認のようなものです。

壁がそういう存在であることが分かると、壁を乗り越えることは、つらく苦しいことではなくなります。「試練」という名の下に、自分は試されているのだと、とらえられるようになってきます。

アメリカは能力主義の国です。叩かれ、自信を失い、凹んでしまう人に用はない、厳しい社会構造がベースにあります。ニューヨークで輝きながらたくましく生きる人は、叩かれても凹まないどころか、叩かれたことをバネにして伸び、自分の強さにできる人なのです。

ひとつ乗り越えればひとつ強くなる、またひとつ乗り越えればまたひとつ強くなる。竹の節のようなものです。竹は節が多いほど、強く折れにくいですよね。人も同じです。逆境を乗り越えた数だけ、強く成長します。

人生の中で、大小さまざまなたくさんの壁に遭遇するでしょう。**壁を前に我を失いかけたときは、「Go to the balcony!」と自分に声がけをし、今の状況からいったん離れた場所に気持ちを置いてみましょう。**

遠く離れた地点から、自分を取り巻く状況を客観的に観察することで、冷静さを取り戻し、乗り越える方法を見つけることができます。

そして、叩かれても、叩かれても、凹まず伸びる人間的強さを育みましょう。**強さは、あきらめずがんばり続けることで育まれます。**がんばらない生き方からは、強さは育まれません。

逆境の中にあっても、笑顔を絶やさず凹まない。そんな生き方が、人を強く美しくするのです。

壁を乗り越えるたび、人間的強さが育まれる。

第5章

ニューヨークの女性は人生をとことん楽しみ尽くす

人生を楽しむ秘訣はとてもシンプル

ニューヨークに住み始め、人生を楽しむ秘訣はとてもシンプルだと気づきました。日本に住んでいた頃は、楽しい予定でスケジュールを埋め尽くすことや、贅沢なライフスタイルを持つことが人生を楽しむことだと思っていました。しかしニューヨークの人々との出会いの中で、今まで見落としていた大切なことに気づいたのです。

人生を楽しむとは、日々の暮らしの中に「笑い声」があることです。「アハハハハ」と声に出して笑うことです。そして笑顔があふれる、楽しいと思える時間や、遊びを大切にすることだったのです。

大人になると知らず知らずのうちに、子どもの頃には当たり前だった「純粋に何かを楽しむ」ということを忘れ、慎《つつ》ましやかな生活に移行してしまいます。心のどこかでブレーキをかけ、楽しく遊ぶこと、大笑いすることが減り、笑顔でいるよりもしかめっ面で過ごす時間のほうが増えてしまいます。

「今日は大声で笑いましたか？」「楽しかったと言える時間を過ごしましたか？」と聞かれたら、あなたの返事は「Ｙｅｓ」、それとも「Ｎｏ」？

ストレスを吹き飛ばすコツは、癒やしよりも汗をかくこと

ニューヨークには、自分の夢や目標に向かって猛烈にがんばっている人がたくさんいます。その人たちに共通するのが、**仕事も遊びも心底真剣に楽しんでいる**ということ。「よく働き、よく遊ぶ」、まさにその通りです。

彼らは、仕事や日々の生活で疲れやストレスを感じたとき、癒やしに走るよりも、運動でいい汗をかいたり、大笑いや笑顔になって楽しんだりすることを優先します。疲れた体やストレスを感じた心には、癒やしよりも、スカッとする運動や、お腹の底から大笑いすることのほうが即効性があることを知っているのですね。

友人のケビンは「空中ブランコ」を楽しんでいます。彼から初めてその話を聞いた

とき、大変失礼ながらも耳を疑いました。アクロバットのイメージから遠くかけ離れたコンピューターオタク風の彼が、サーカスのような空中ブランコを「楽しんでいる」とは、天地がひっくり返るほどの驚きだったからです。

あるお天気の日曜日、彼に誘われレッスンを見学しました。ケビンは、大きく揺れるポールにぶら下がりながら、合図とともにインストラクターの両手をめがけて飛んでいく「空中キャッチ」を練習していました。

「空中キャッチ」の楽しさを目を輝かせながら笑顔で語るケビンは、人生を楽しんでいる一人です。

遊ぶときは心底真剣に！

私も「楽しい！」と言えることがいくつかあります。そのうちのひとつは、プールの中でビーチボールを使ってバレーボールを楽しむ〝プールバレーもどき〟の遊びです。

夏のホテルのプールは、プールサイドでカクテルを飲みながらリラックスしている人のほうが多く、プールの中に人はほとんどいません。そんなプールにビーチボールを抱えて飛び込み、友人とバレー対決をするのです。

水しぶきをあびながら、ジャンプしてボールを受けたりアタックしたりと大笑いの連続。大人であることなどすっかり忘れて楽しむ時間は、心底真剣に遊んでいるという爽快な気分に包まれます。

大声で笑う楽しい時間を、意識してつくる。

人生を楽しむ秘訣はシンプルです。経費はゼロ、誰でもいつでも始められます。

仕事はできるけれど遊べない。しかめっ面はできるけれど笑顔にはなれない。それは自分の世界を狭め、人生の楽しみを半減させているのと同じことです。

年を重ねれば重ねるほど、意識して遊ぶ力をつける。そしてこの力が、猛烈にがんばる日常へのエネルギーへと変わるのです。

恋に破れたときが、女として成長できる絶好のとき

誰にとっても、恋の終わりはつらく悲しいものですよね。もうどうすることもできないのに、どうして終わってしまったのかと、いつまでも原因を探そうとしてしまう。来るはずのない電話やメールを待ったり、「私ってやっぱりダメなんだ……」と自分を卑下して自信を失ってしまう。

忘れたくても忘れられない彼への想い。スパッと断ち切れたらどんなに楽かと涙が浮かんでくる。断ち切れないからつらいのですよね。

悲しみを断ち切る方法はただひとつ。自分で悲劇のヒロインを演じる期限を決めることです。

3日間と決めたら、その間は思いっきり泣いたり落ち込んだりしましょう。そして4日目の朝にスパッと断ち切るのです。

悲劇のヒロインの出番は終わったのです。自分で出演者のネームプレートを外しましょう。自ら幕を引かない限り、延々と舞台は続いてしまいます。

つらさをバネに立ち上がる

ニューヨークの女性は、つらく悲しいことも成長の糧にして伸びていきます。

たとえばよく耳にするのは、朝、愛する旦那さまから突然「愛が冷めた」と離婚を言い渡されたという話。「好きな人ができたから、その人と一緒に暮らすことにした」と言われ、修復や話し合いのチャンスもなく去っていかれてしまう、こんな衝撃的な出来事に見舞われることがあります。

もちろん夫婦生活に暗雲がたちこめながらも修復せず放置していた結果ではありますが、こうなってしまってからでは、後悔しても元には戻れません。アメリカの離婚は、両者の同意不要なのです。

彼女たちは、一度に押し寄せてくる衝撃と悲しみの中で、どれだけ傷つき、泣きあかしたとしても、事態は変わらないことを知っています。

そうであれば、いつまでも泣いているのではなく、このつらさをバネに、今まで以上に輝く魅力的な女、彼が再び手に入れることのできない女を目指すのです。つまり、女を磨いて女度を上げるということです。

もっとキレイに、もっと賢く聡明に、もっと知的に、もっともっとと、自分磨きを始めるわけです。こうして、今まで以上に強く美しい品格のある大人の女に成長していきます。

離婚や失恋など、恋の終わりに女磨きを始めると、不思議なことに別れた彼のことを物足りなく感じ始めるものです。よくこんな人に恋をしていたなと、「恋は盲目」に陥っていた自分にハッと気づくことさえあります。自分磨きの中で女が磨かれ、男を見る目が磨かれ、求める男性像がアップしていくのですね。

失恋の数だけ美しくなる

恋に破れたときは、女として成長できる絶好のときです。ひとつの恋が終わって、女磨きが始まる。その繰り返しの中で、あなたの女度はどんどんアップしていきます。**恋の終わりにあるのは絶望ではなく希望、目の前にあるのは、新しい世界への扉と上につながる階段です。**自分の力で扉を開け、階段を上っていきましょう。そこであなたが出会うのは、さらに強く美しくなったあなた自身です。

恋にピリオドを打った後の女磨きはいろいろです。

新しいお稽古事を始めてみる、彼との時間を優先していてやれなかったことをやってみる、一人の時間を満喫できる女を目指してみる、髪型やヘアカラーを変えてみる、お肌やボディーに投資してみる。どんなことでもかまわないので、何か新しいことに興味を持って始めてみましょう。

失恋の数だけ、涙の量だけ美しくなる女は素敵です。くすんでいる時間はありません。彼が後悔するほど、素敵な女になりましょう。

「災い転じて福となす」の精神で、女のグレードアップを！

孤独を楽しむ

昨日の大雨が嘘のような、美しい青空の月曜日。私は、週末にひいた風邪から見事蘇《よみがえ》ったことに感謝しながら、マディソンスクエアパークを元気に歩いていました。ストリートの屋台で買った熱々のコーヒーを飲みながら公園を歩くのは、私のお気に入りのひとときです。

あたりを見まわすと、ベンチに座り新聞を読みながらモーニングコーヒーを楽しんでいる人、ドッグランで楽しそうに走りまわる犬をフェンス越しに眺めている人、スポーツジムで朝の運動を終え、ジムバッグをかついで足早に通りすぎる人、それぞれの人が朝の時間を一人で有意義に過ごしています。

これは朝に限らず、ニューヨークの日常でいつも出合う光景です。誰も群れておらず、一人時間を楽しんでいる人がたくさんいます。群れている人を見ることのほうが少ないのです。そのときふと「孤独」について考えました。

孤独には2つの種類がある

ニューヨークで見かける一人でいる人に、「孤独」という言葉はマッチしません。一人で寂しそうだという「孤独」を意味する雰囲気を漂わせていないのです。そこにあるのは、一人を楽しんでいる、孤独を楽しんでいるという雰囲気です。

日本語の「孤独」は、ひとりぼっち、誰からも理解されないと感じる、意思の疎通をはかれる人がいないなど、寂しい感情が含まれるネガティブな意味合いが強いのですが、英語はちょっと違います。

英語には2つの「孤独」をあらわす単語があります。ひとつは「loneliness」、意味は日本語とほぼ同じで「寂しい」という気持ちを含めた単語です。もうひとつは「solitude」、一人時間を大切にするなど、自らの選択で一人になることを意味する言葉で、「寂しい」という感情を含みません。このように、「孤独」には2種類、**「寂しい孤独」と「寂しくない孤独」がある**のです。

そもそも人は誰でも孤独です。たとえば、家の中に家族がいるのに孤独を感じる、愛し合って結婚したのに孤独を感じる、たくさんの友人たちといつもワイワイしているのに孤独を感じるといったように、周りに人がいても孤独を感じる人はたくさんいます。独身であること、恋人がいないことを孤独だと感じている人もいるでしょう。

このネガティブな「孤独」を、ポジティブな「寂しくない孤独」に変えることで、あなたのどんより沈んだ心が、大雨の後の青空のように晴れ渡ります。

心を充実させるものを持つ

でも、いったいどうやって?

それは、自分の心を「充実」させる何かを持つことです。夢や目標に向けてがんばっていることがある、日々の暮らしの中に心が満たされるものや時間がある、ということです。

たとえば、毎朝のお洗濯の後、清々しい気持ちに包まれて自分のためだけにおいしいコーヒーをいれる。コーヒーを味わったらネイルサロンに行くために、身支度を整える。そんなとき、あなたは「充実」した気持ちに包まれているはずです。一人の朝の時間を「孤独」だとは感じないでしょう。

また、仕事帰りにカフェに立ち寄り、お気に入りの本を読みながらおいしいケーキをいただくのも、自分を充実させる素敵な時間です。今日も予定通りの仕事を終え、朝から楽しみにしていたこのカフェへの寄り道を実行し、続きが気になっていた読みかけの本やいつも爽やかな気持ちにしてくれる本を広げる。そんなとき、あなたの心の中は「充実」しているはずです。一人でも、ひとりぼっちというネガティブな「孤独感」はないでしょう。

「一人でいること=寂しいこと」、こんな暗示を自分でかけてはいけません。**「一人でいること=楽しいこと、そのために心を充実させよう!」そのように自分を導きましょう。**

ニューヨークの人は「一人」「二人」というような概念なしに、そのときを楽しむことに長けています。一人でも、誰かと一緒でも、いつも心が充実していると、そのときを思いっきり楽しめるものなのです。これが成熟した大人ですよね。

孤独を埋《う》められるのは他人ではなく自分

学校の休み時間や放課後に友達と遊ぶことが日課である子どもの頃は、ひとりぼっちを寂しい、孤独と感じることも多いでしょう。この場合、脱・孤独に必要なのは、一緒に遊んでくれる友人であり、自分を理解してくれる人です。

しかし、大人は違います。大人の孤独を埋められるのは、他人ではなく自分なのです。いつも群れていることが脱・孤独だと考えるなら、それは違います。貴重な時間の浪費以外の何ものでもありません。

大人の脱・孤独に必要なのは心の充実です。大きなことである必要はありません。美しい青空を眺めるだけでも、朝の時間を充実して過ごすことができるものです。すべてはあなたの心の持ち方次第です。一人を楽しむ。孤独を楽しむ。自分の心の中にいつも充実したものがあると、それが叶います。

誰かと一緒でも楽しい、一人でも楽しい、そんな人はいつもポジティブで輝いているものです。

孤独を楽しめる人こそが、精神的に自立した美しい大人です。いつも群れている人は、群れから飛び出しましょう。一人で行動できる人になりましょう。寂しいと感じたら、誰か一緒にいてくれる人を探すのではなく、何が自分の心に充実をもたらしてくれるのかを考えましょう！

人の寿命はどんどん延びています。年を重ねたとき、今あなたの周りにいる友人や家族がそばにいるとは限りませんよね。一人でも強く生きていくには、孤独に打ち勝ち、孤独を楽しめることです。

そんな人であれば、１００歳になってもあなたの人生はバラ色ですよ！

群れから飛び出し、充実した時間を過ごす。

がんばる自分に最高級のご褒美を贈る

「昨日は最高に幸せだった〜」とピカピカの肌で語るのは、広告業界で働く友人のソニア。この3ヶ月間、髪の毛を振り乱し、ネイルサロンに行く時間も割いて取り組んできたプロジェクトが成功し、上司から褒められたそうです。

失敗すれば大口契約を他社に奪われ、レイオフ（解雇）かもしれない、それほど重要なプロジェクトに抜擢《ばってき》されました。辞退して身の安全をはかるか、抜擢を受け成功させて昇進を狙うか、大きく2つの道に分かれるターニングポイントに立った彼女は、挑戦することを自分で決断し、猛烈にがんばったのです。

「幸せだった」という言葉で、てっきり上司においしいディナーでもごちそうになったのかと思ったら、自分にご褒美を買ったという話でした。

プロジェクトに成功したソニアを目に焼きつけて、私もがんばらなくちゃという気持ちになり、「わ〜自分にご褒美なんて素敵！　何を買ったの？　見せて、見せて」と言うと、「もう使っちゃった」と言いながら、ピカピカの肌を私のほうに差し出しました。

「高級化粧品を買ったのね！」と言うと、「Nope.（そうじゃないのよ〜）」とうれしそうに首を横に振ります。「実はね、ホテルの半日スパに行ってきたの」と両手を差し出して、ピンク色の可愛いマニキュアの爪を見せてくれました。「チップ込みで10万円近くしたけれど、自分へのご褒美に最高のチョイスだったわ」と幸せそうです。

ホテルの素敵なお部屋で過ごす半日スパのプランは、シャンパンを片手にマンハッタンの景色を眺めながら、フェイシャルエステ、ボディーマッサージ、マニキュアにペディキュアと至れり尽くせりだったそうです。

がんばった自分へ最高のご褒美を贈るプランが、モチベーションアップにつながること、そしてこのスパプランでくつろぐ自分の姿を想像しながら、プロジェクトの重圧を乗り越えがんばったことも教えてくれました。

そんなソニアの「試練の先にはご褒美あり」の物語を夢見心地で聞きながら、私も「ご褒美」を用意してみようと思いつきました。

私がさっそく設定したご褒美は、ヴァレンティノの赤い靴を買うことでした。その写真を机の前に貼り、モチベーションアップを試みました。すると計画通りの成果を収めることができたのです。

「やった!!」と大喜びでニューヨークの最高級デパート、バーグドルフグッドマンに靴を買いに行きました。私がまだ小さい頃、赤いエナメルの靴と赤いベレー帽が私と姉の定番お出かけルックでしたが、それ以来、初めての赤い靴です。ワクワクに包まれながらサイズを頼んだところ、「完売です」と即答されました。

やはり人気商品は完売かと、次に向かったのは、そこから歩いて10分ほどのデパート、サックスフィフスアベニューです。1階のバッグ売り場には、ヴァレンティノの赤い靴とおそろいのバッグも陳列されてあり、気分が上がりました。

靴売り場で係の人にサイズを言うと「完売です。赤が一番人気なんですよね」と、出足が遅すぎますよというニュアンスのひと言でガクッと肩を落としました。

「がんばっている間に、欲しいものは売れていた……」そうソニアに話すと大笑いされました。そして、「今回のご褒美代は次のご褒美にプラスしたら？」と大人のアドバイスをしてくれました。さすがニューヨークの美しい女性というのは、目先のことだけにとらわれず先の先を見るものだと感心しました。

自分を褒めることは、次のがんばりにつながる

がんばった自分にご褒美を贈る。先にご褒美を決めてモチベーションをアップさせる。そんなふうに、**日々の生活の中で、また仕事や人生の節目のステージで自分を褒めてあげることは大切です。**

午前中に家の用事を終わらせよう、そしてご褒美においしいランチを食べに行こう。来月、娘の結婚式が終わったら一人で温泉旅行に行こう。あの子が生まれてから立派に育ててきた自分にご褒美を贈ろう。

がんばった自分へ贈り物を用意することって本当に素敵ですよね。結果が出てから考えるご褒美もいいですが、ソニア流に先に設定しておくのも素敵です。自分を押し上げる原動力ともなりますよね！

設定したご褒美を手に入れることができず、ご褒美がおあずけになっていた私は、メトロポリタンオペラのチケットを買うことにしました。うっとりするほど美しいオペラ座にドレスアップをして出かけ、夢のような舞台を楽しみ、自分に贈ったご褒美で最高に幸せな時間を過ごしました。

自分にご褒美を贈ることは、自分を大切にすることでもありますよね。がんばった自分を褒め、労《ねぎら》ってあげることも、次につなげるためには必要です。

ご褒美は先に決めて、モチベーションアップをはかりましょう！

品格を感じさせる美しい言葉を使う

ニューヨークに住んでつくづく感じること、それは、「美しい言葉は、その人の品格を表す」です。

ロバートと電話で初めて話したときのこと。彼は投資銀行を率いる、雲の上のそのまた上の存在です。知人の紹介で、アポイントの時間に電話をかけました。

秘書の人がつないでくれた電話に出た彼が、最初に言った言葉に衝撃を受けたことは今でも忘れません。

「Erica, it's my pleasure to meet you!（エリカ、初めまして）」

ロバートは、非常に丁寧かつ上品な単語「pleasure」を使って挨拶をしてくれたのです。この単語は、ビジネスやフォーマルな場面ではよく使いますが、どちらかといえば目上の人、尊敬している人に使うニュアンスがあり、まさか初めて話す私に対して大成功者のロバートが言ってくれるとは思ってもいなかったのです。

そのたったひとつの単語で、なんと素晴らしい人なのか、自分と相手の地位をはかって言葉を選んだりしない尊敬に値する人だと感動に包まれました。

美しい言葉というのは、品格を感じさせるものであり、いつまでも心に焼きついて残ることを私はこの1本の電話で学びました。ニューヨーク、いえ世界中のどこで生きるにしても大切なことを、ロバートは開口一番教えてくれたのです。

相手を尊重する人は、相手によって言葉を変えない

日本語というのは、ひとつの単語にさまざまな意味がこめられている言葉でもあり、母国語である日本人にとっても難しいものですよね。日本に帰国するたびに、書店の就活コーナーに積んである敬語や言葉づかいの本をパラパラとめくりますが、そこで再認識する言葉もたくさんあります。

私は2003年の渡米までは、日本で社会人としての礎《いしずえ》を築きました。日系企業、外資系企業で多くの部門を経験し、その学びのすべてが今の私につながっています。

私が日本語とビジネスマナーを徹底的に学んだのは、社長会長つきの秘書業務に従

事していたときです。向上心は非常に高く、自信も人一倍ありましたが、秘書として有能であったかと問われれば、答えに詰まります。

大切なお客様を招いてのお昼の会食の用意では、お弁当箱をひっくり返したり、お吸い物をお茶と間違えて出したりと、私よりも重役が青ざめたこと数知れず。また、極秘資料を「極秘」だからとシュレッダーで跡形もなく処分したりなど、笑い話のような、前代未聞の数々の大失敗を繰り返しておりました。

しかし、空気が読める、誰にでも美しい言葉を話す、挑戦意欲と責任感が人一倍強い、愛嬌《あいきょう》がある、そんな理由で信頼され、失敗から学び、次へつなげていきました。

その後、日本を離れ、英語圏での生活に入って感じたことは、**礼儀・マナー・美しい言葉は世界共通**だということでした。

友人のロバートをはじめ、私の周りのニューヨークの人たちを観察しても、相手次第で言葉を崩したりはしません。相手の地位や名誉、貧富の差や肌の色、性別や年齢で言葉や態度を使い分けたりしないのです。すべての人を同じように尊重するというスタンスなのですね。

美しい言葉は素晴らしい人間関係を築く

あなたは相手の年齢を弾き出して、言葉づかいや態度を変えたりしていませんか？　そもそも年齢をはかることは、美しいこととは言えません。相手が年下であれ、年上であれ、年齢だけでは何もはかることはできませんよね。年下は自分より劣る、だからタメ口でいいという理屈は、品格のある大人社会には通用しません。

また、職場や趣味のグループなどで、先輩が後輩に偉そうな言葉づかいで話すのもいただけません。先輩は偉い、後輩は偉くない、このとらえ方は間違っています。経験年数、キャリア、能力を比べて言葉を変えるのはスマートではありません。誰に対しても相手を尊重した美しい言葉で話せることこそが、先輩の証ですよね。

仕事のときだけ、就職試験のときだけ美しい言葉を使えばいいと思っていても、常日頃から乱雑な言葉、タメ口で話している人は、ポロッと出てしまいます。日頃から身についていないことをその場限りで演技しても、ボロが出てしまうものなのです。

日常生活で身についてしまっていることは、そのときだけ変えようとしてもできない。ある意味怖いことでもあります。

言葉づかいは、見られていないようで、しっかり見られています。今日明日に完成するものではないからこそ、今から美しい言葉を心がけましょう。

相手と自分の立ち位置をはかり、言葉づかいに差をつけるのではなく、**誰に対しても同様に接するのが大人の品格です。**

言葉が美しい人は愛されます。そして素晴らしい人間関係が広がります。美しい人との出会いで、自分も美しく成長する。素敵なことですよね。

同じ人生ならば、雑に生きるよりも美しく生きたいものですよね！

言葉づかいは、あなたを映し出す。

女心をときめかす工夫を惜しまない

まだ6月だというのに、その日の気温は36度。温度計を見ただけで体温が一気に急上昇しそうな、燃えるように暑いマンハッタンを元気に歩くニューヨークの女性たちは、ノースリーブのサマードレスなど心地よさ重視の装いにサングラス、そして足元は歩きやすさ重視のビーチサンダルやスニーカー、フラットシューズを着用しています。

ニューヨークの路面はガタガタで溝《みぞ》も多く、美しいヒールは瞬時にダメージを受けてしまうからです。また、灼熱《しゃくねつ》の太陽で焼けたコンクリートは足裏が火傷《やけど》するほどに熱く、革靴よりもビーチサンダルなどゴム製の靴底のほうが、美しい足を保護する役割を担ってくれます。

そのため、ニューヨークの女性たちは夏の間、履き心地優先の1足とお洒落な1足、この2足を上手に使い分けます。オフィスやレストランの入口付近に到着すると、バッグの中から美しいヒールを取り出して履き替える女性をあちこちで目にするのは、そんな理由からです。

そういえば、昔見たニューヨークの映画に登場するキャリアウーマンの装いは、スーツにトレンチコートを羽織り、足元はスニーカーでした。当時日本に住んでいた私は、なぜスニーカーなのか、そのファッションセンスに頭を悩ませたことがあります。「ハンサムウーマン」とは、このような装いの人のことだとさえ思っていました。

ところが、ニューヨークに住み始め、そのスニーカーの謎が解けたのです。歩いて歩いて、どんどん歩くニューヨークの女性たちの足元は、歩きやすさ重視の靴である必要があり、素敵な靴はバッグに入っているということだったのです。今では、私もそうすることが当たり前になっています。人生というのは本当に面白いものですね。

幸せになるためにお金と時間を使う

さて、猛暑でも元気に行動するニューヨークの女性たちは、昼には昼に相応《ふさわ》しい装い、夜には夜に相応しい装いを大切にしています。

今夜はドレスアップをしてお出かけという日は、いったん外出先から自宅に戻り、シャワーを浴びて、メイクアップも最初からやり直します。冷えたシャンパンやワインを開けてリラックスしながら、お出かけの準備を整えるのが定番。

そんな中、一番時間がかかるのが髪の毛です。ドライヤーで髪を乾かす間、どんなに涼しい部屋でも熱風で汗をかき、あげくの果てに上手にセットできないと、気分が沈んでしまう。そんな経験は、女性なら誰でもありますよね。

そこで、ニューヨークの女性たちが活用しているのが、「ドライバー(dry bar)」といわれる、シャンプー&ドライ専門のヘアサロン。メイクアップを整え、今夜のために用意していたドレスに着替え、美しいヒールを履き、鏡の前でスタイルをチェックする。髪以外はパーフェクトに整えたら、鏡の前でニッコリ微笑み、タクシーで「ドライバー」に向かいます。「ドライバー」は予約不要。いつでも好きなときに扉を開けて入っていける、お洒落を楽しむ女性にとって、まさに必須のお店です。

猛暑の夜のお出かけ前にこのようなサロンを利用するのは、素敵なヘアスタイルを手に入れるためだけではありません。自分で手間をかける代わりにプロに美しく仕上げてもらうことで、その日、猛烈に動いた体と心を落ち着かせ、リラックスするためです。サロンで出された冷たい飲み物やクッキーをいただきながら、オンからオフへ気持ちを切り替えます。

ニューヨークの女性は、自分の心の落ち着かせ方や気持ちの上げ方をよく知っているのです。いつも幸せであるための心得を持っていれば、たのもしいですよね。

「ヘアスタイルが決まっているだけで、気分が上がる」。これは世界共通の女心です。お出かけの用事がなくても、気持ちが沈んだ日や元気が出ない日にヘアサロンに立ち寄ってみましょう。シャンプー&ブローをしてもらうだけで、心が安らぎ気持ちが弾むものです。ちょっとした時間とお金で女心をときめかせることができるのです。

ニューヨークの女性たちが幸せになるためにしているライフスタイル。ぜひ試してみてください。

気持ちが凹んだ日は、ヘアサロンで気分を盛り上げる。

第 6 章

何があっても
「自分をまるごと信じて」生きる

グラマラスに生きる

ニューヨークの中心に位置するミッドタウンのパークアベニューで信号を待っていたとき、横断歩道の向こう側にいる友人のジュリアに気づきました。

60歳でリタイアと決めていた彼女は、その歳で経営していたモデルエージェンシーを売却。その後、友人の紹介でジュリアと知り合った私は、何度か彼女からビジネスのアドバイスをもらっていました。そのジュリアが、横断歩道の向こう側で光り輝いていたのです。ジュリアも私に気づき手を振って、私が横断歩道を渡っていくのを待っていてくれました。

久しぶりに会った彼女は大変身をとげていました。若返り手術を受けたという肌は赤ちゃんのようにぷるぷるで、美容先進国であるアメリカの技術の高さに目が釘づけになりました。

二人で美容の話に花を咲かせているとき、私は、彼女の横に立つ〝ミッドタウンのできる男〟風の素敵な男性に気づきました。「息子さん？　お仕事関係の人？」するど、「エリカ、こちらボーイフレンドのジェイクよ」と紹介してくれたのです。「ボボボボ……ボーイフレンド〜〜？」そう頭の中で思わずどもってしまったのは、ジェイクがあまりにも若かったからです。

ジュリアは、私の驚きのリアクションに大喜びしながら、「This is my boyfriend, Jake!」とゆっくり丁寧に念押しするかのように復唱しました。

ニューヨークでは年の差カップルは、さほど珍しいことではありません。特に、私の周りの女性は年下の男性が好きという人も多く、彼女たち曰《いわ》く「若い恋人は、若々しい気分を運んできてくれる」そうです。

ジュリアの美しい輝きは、手術で手にした美貌のみならず、恋する女の輝きでもありました。

私は、彼と手をつないで横断歩道を渡るジュリアの後ろ姿を見送りながら、グラマラス（glamorous）に生きるニューヨークの女性は美しい、と感じました。

誰にでも「生きたいように生きる力」が備わっている

世の中には、他人の私生活に介入し、評価することが好きな人もいます。たとえば、ジュリアのように年の離れたカップルを「不釣り合いだ」と言ったり、「どうせお金目当てに違いない」「若い人にちやほやされていい気になっている」などと酷評したりします。

でも、冷静に考えてみると、それが事実だったとしても誰に迷惑をかけているわけではありませんよね。他人をとやかく言って、ウワサをする人は、何かひとこと言いたいのでしょう。

ニューヨークの美しい人は、本人がよければそれが一番という考えです。他人がプライベートに介入して評価することは、めったにありません。誰もがお互いを尊重した姿勢と距離感を大切に生活しています。

たとえ他人から酷評されたとしても、他人の評価などは気にせず、自分らしく生きることを大切にしています。キラッと光る個性や魅力、内面からあふれ出る幸せオーラは、周囲を気にしない、自分を大切にした生き方から育まれているのですね。

あなたは常に周りを気にして、自分の心とは裏腹の選択をしていませんか？

本当の自分を包み隠し、居心地の悪さを感じていませんか？

幸せになるための第一歩は、本当の自分を受け入れ、自分が自分の最大の理解者になり、自分を大好きになることです。周囲が、誰かが何か言っても、あなたは一切気にすることなどないのです。

自分の幸せは自分でつくるものであり、他人の意見に左右されるものではありません。あなたには、あなたが生きたいように生きる力が元々備わっていて、その力は周りの視線や意見に影響されるものではないのです。もし、周りによく思われたいとか、受け入れてもらうために自分を押し曲げているとしたら、それは、あなたの輝きを黒い布で覆ってしまうようなものです。

人生に「こんなふうに生きなければならない」という決まりなど存在しません。人生は「自分らしく生きる」ものなのです。

周囲の視線や評価など、何も心配しなくてよいのです。息が詰まるような窮屈な狭い世界からは離れて、本当の自分を取り戻しましょう！

「魅力的な生き方」は人それぞれ

グラマラスに生きる。これは「魅力的に生きる」という意味ですが、その「魅力的な生き方」は人それぞれ違います。たとえば、力強さや芯の太さ、いつもポジティブであきらめない前向きな気持ち、周囲を気にせず自分らしさを大切にするなど、いろいろな「魅力」が考えられますよね。

あなたにとって、グラマラスな生き方とは何ですか？

どんな生き方に魅力を感じますか？

いろいろと書き出しながら、自分を狭い空間から解放することをイメージしてみてください。深呼吸をして、大きな心で書いてみましょう。たとえば、

・いつも自分らしくいること

・周囲の視線や雑音を気にしないこと
・自分の好きなことをたくさん見つけて楽しむこと
・いつも前向きに、転んだらすぐ起き上がること
・強さと優しさとを兼ね備え、誰にでも優しいこと
・たくさんの人と出会って、恋多き人生を歩むこと
・夫や子どもたちにとって、自慢の妻であり母であること

たくさん浮かんでくると思いますが、浮かんできたことは全部書き留めましょう。

あなたの人生は、あなたがつくるものですから、その生き方に、何が正しい、何が間違いというものはありません。

人生に「こうあるべきだ」というものなど、どこにも存在しません。あなたの人生にあるのは、「こうありたい」というあなたの想いだけです。そして、そこにあなたの幸せは宿ります。

自分にとっての「グラマラスな生き方」を思いつく限り書き出そう。

目指すはコスモポリタン！

「コスモポリタン」というカクテルをご存じですか？　ニューヨークが舞台のドラマや映画には欠かせない、ニューヨークを象徴する可愛いピンク色のカクテルです。

コスモポリタン（cosmopolitan）、その意味は「国際人」です。ひとつの国や民族にとらわれず、全世界を自国として考え生活する人のことで、その響きはニューヨークに生きる人々を連想させます。「人種のるつぼ」と称される多民族都市ニューヨークは、ひとつの国や民族にとらわれることなく、皆が共存しています。誰もが国際人の意識を持って生活しているといえます。

日本に住んでいると、ほとんど意識することのない「国際人」感覚ですが、これから国際化社会で活躍したい、将来海外に住みたい、海外で働きたい、海外との接点を持ちたい、海外旅行にたくさん行きたいと考えていらっしゃる方は、ぜひ国際人の感覚を身につけ、コスモポリタンを目指してください。

日本は昔からの文化・風習の下、誰もがほぼ同じような常識を持って暮らしています。

一方海外、中でも多民族都市のニューヨークでは、全く違う文化・風習を持つ人々が共存しています。これは、自分の常識が相手の非常識、相手の常識が自分の非常識になりうるということです。

たとえば、ある大雨の日、ニューヨークに住む日本人のあなたの家に、アメリカ人の友人が遊びに来たとしましょう。彼は雨に濡れたドロドロの靴のまま室内に入り、リビングのテーブルに靴を履いたままの足を乗せてリラックスしました。これは、室内では靴を脱ぐ文化・風習を持つ日本人のあなたにとっては、非常識ですよね。

一方、あなたは風邪をひいていて、くしゃみが止まらなかったとします。出てくる鼻水をズルズルとすすっていました。これは、アメリカ人にとっては非常識になります。なぜなら、アメリカの文化・風習では、鼻が出たらかむのが正しく、人前で音をたててすするのはマナー違反になるからです。

これらのお互いの常識の違いを知らなかったら、まさか自分のなにげない行為が相手を不愉快にしていたとは、永遠に気づきませんよね。

自分のものさしで世界の常識をはからない

自国を出たら、自分の常識を世界基準に調整することが必要となります。日本ならば、「土足厳禁」と書かずとも玄関で靴を脱ぎますが、その文化・風習がない国で生まれ育った人なら、言わないと分からない人もたくさんいます。

自分の常識は世界基準とは限らないという国際感覚を身につけていると、たとえ非常識なことをされても、腹立たしさにはつながりません。「こんなこと、言わなくても常識でしょ！」と怒らず、「わが家は土足厳禁なので、靴を脱いでくださいますか？」と優しくお願いすることができるのです。

鼻水も同じです。相手が国際感覚を身につけたコスモポリタンならば、あなたの常識は違うのだろうという配慮を持って、ティッシュを差し出し「どうぞ使ってください」と優しく言うはずです。そしてあなたは、人前で鼻をかむのは恥ずかしいことではなくて、これがアメリカの文化なのだと学ぶでしょう。

海を渡れば、そこは日本ではありません。日本の常識は通用しないのです。

これをしっかり理解し、自分基準から世界基準にダイヤルをクルッと回して合わせることが大切です。そして、自分のものさしで世界をはからないことです。

もちろん人間的本質の部分である優しさや思いやりなどは変える必要はありません。

柔軟にダイヤルを合わせながら、お互いの違いを理解し、尊重しながら共存できる人がコスモポリタンです。

どんな人も「人」として尊重できるのが国際人

コスモポリタンは、目の前の人を性別・年齢・肌の色・国籍・文化・風習・宗教・貧富の差で振り分けたりはしません。一人の「人」として尊重し、接することができます。

男性は、セクシーな女性をチラチラ見るようなセクシャルハラスメントには気をつけましょう。胸元が大きく開いたバストの谷間が見えるトップス、ヒップが強調されたタイトスカート、脚線美がまぶしいショートパンツ姿は、一般的な装いです。性的な視線を浴びせたりせず、「人」として尊重した態度をとれることが男の品格であり、どのような人が目の前にいても、その人を「人」として尊重できる。これが「国際人」です。

国際化社会で大切なのは、国際人の感覚を身につけていることです。英語がどんなに流暢に話せても、世界基準にダイヤルを合わせられない人、自分と違う人を尊重できない人は、世界と共存することはできません。世界の一員になれないのです。

さあ、目指すはコスモポリタンです。「あなたは何人《なにじん》ですか？」と聞かれて、「コスモポリタンよ！」と答えられたらカッコイイですよね。

コスモポリタンになれたと感じた日には、ピンク色が可愛いニューヨークを象徴するカクテル「コスモポリタン」で乾杯しましょう！

海を渡ったら、世界基準にダイヤルを合わせる。

隣の芝生は見ない

暑さもやわらいだ9月のある土曜日、ブライアントパークの中にある、アイビーで壁が覆われた可愛いレストランのテラスで夕暮れどきのカクテルを楽しもうと、友人のクリスティーナと出かけましたが、あいにくその日は、結婚式で貸し切りでした。

1階のレストランが披露宴会場で、受付となっている2階のオープンテラスからは、賑やかな音楽と人々の楽しい笑い声が響いていました。

窓から披露宴会場をのぞいてみると、アットホームな雰囲気が漂い、たくさんのキャンドルライトが宝石のように輝いています。美しい公園を一望できる最高のロケーションでのウエディングパーティーはなんてチャーミングなのだろうと、二人で夢見心地に浸りながら、ワンブロック隣の5番街に向かって歩き始めました。

このレストランと背中を合わせるように建っているのが、ニューヨークのランドマークのひとつであるパブリックライブラリーです。今から100年以上前に実業家たちによる莫大な寄付によって建てられた、館内フル大理石にシャンデリアが輝くゴージャスな図書館です。ハリウッド映画の撮影にもよく使われ、『ゴーストバスターズ』や『スパイダーマン』、近年では映画『セックス・アンド・ザ・シティ』で主人公キャリーが豪華絢爛な結婚式をあげようとした、今や観光名所としても有名な場所です。

5番街の角に行ってみると、パブリックライブラリーの階段にたくさんのキャンドルが星くずのごとく光り、まるでロマンチックラブストーリーの映画撮影が行われるかのような雰囲気で、人垣ができていました。「わあ〜、もしかしてハリウッド映画の撮影じゃない？」と近寄ってみると、こちらでも結婚式が行われていました。

図書館を借り切っての結婚式は、まるで映画の世界のようにゴージャスで、たくさんの来賓が美しいエントランスで記念撮影を行い、新郎新婦はハリウッドスターのごとく、通りすがりの観衆のカメラに向けてもポーズを決めていました。

幸せは周りと比べるものではない

同じ時間に全く異なる2つのウエディングパーティーが、背中合わせの建物で行われていました。

一方はアットホーム、もう一方は映画の世界のようにゴージャスな結婚式。それぞれの新婦の心境はどうなのだろう、と婚約まであと一歩と迫っているクリスティーナにつぶやくと、「隣の芝生なんて関係ないよ」とサラッと言いました。

クリスティーナの言った「隣の芝生」は、日本語でもよく言われる「隣の芝生は青い」という慣用句の中の言葉で、垣根《かきね》の向こうの芝生はいつ見ても自分の庭よりも緑が濃くてキレイ、つまり、「よその家の物、他人の物は何でもよく見える」という意味です。英語でも同じ意味で「The grass is always greener on the other side.」ということわざがありますが、クリスティーナは、隣の芝生の青さは見ないし、気にしない、関係ないということを教えてくれたのです。

ニューヨークで美しく生きる人は「自分は自分、自分らしく生きる」ことを大切にしているので、自分の芝生と隣の芝生の青さを比較したり、気にしたりはしません。隣の芝生を見ないのです。もしかしたら、隣に芝生があることにさえも気づいていないかもしれません。

隣の芝生の青さが気になるのは、隣の芝生を見るからです。なぜ見てしまうのかというと、自分の立ち位置を確かめたいからです。相手と自分とを比較し、どちらが優位かを確認したいのです。そして、相手が優位だとうらやんだり妬んだり、自分のほうが優位だと安心したり、ときには傲慢《ごうまん》になったりしてしまうのです。

自分を信じればいつも幸せ

クリスティーナの言葉「隣の芝生なんて関係ないよ」の真意は、「幸せは周りとの比較ではかれない」ということです。第三者から見ればゴージャスな結婚式のほうが幸せに見えるかもしれませんが、当人たちはそれぞれ最高に幸せで、隣の芝生の青さなど見ないというものでした。

自分に自信がない人は常に周りが気になり、自分の幸せを周りとの比較ではかろうとします。でも、本来幸せとは、自分の気持ちの持ち方ですよね。他人との比較で「私って、こんなに幸せだったんだ」「私って全然幸せじゃない」と感じるのは間違いです。

自分らしく生きると、隣の芝生が気にならなくなる。

では、そんな比較競争に巻き込まれないためには、どうしたらよいのでしょうか？

それは、「人は人、自分は自分。他人は関係ない」という太い芯を自分の中心にドーンと据《す》えることです。自分で自分を信じる、自分に自信を持つ、自分が自分の最大の理解者になるということです。

そうなれば他人の意見に落ち込んだり、周りの視線や中傷などに揺らいだりしません。誰がどう思おうと、何を言おうと、気にしないで生きていけるのです。

自分を信じられる人は、周囲と比較せず常に自分らしく生きています。隣の芝生の青さは気にならない、隣の芝生は見ない。そんなふうに生きていければ、肩の力が抜け、心豊かに日々を過ごせるように変わっていけます。

小さな思いやりと優しさを大切にする

ある朝の通勤ラッシュの時間、地下鉄の乗り換えのためにエスカレーターのあるホームへ行くと、いつもはスムーズに流れている人の列が動かず大変な混雑でした。停止したエスカレーターを2列になって上っているようですが、それにしても進まない人の列。「どうしたのだろう?」と、近くまで行って見上げると、右側の列の先頭に、大きな荷物を抱えた老夫婦が一歩一歩、ゆっくり上っているのが見えました。

「近づいたら、荷物を持ってあげよう」。そう考えながら、エスカレーターの左側の列を階段のようにかけ上がっていきました。ようやく老夫婦に近づいたと思ったら、私の前にいた青年が何も言わずに二人の荷物を持ち、スタスタ上がっていったのです。

老夫婦は「ありがとう、ありがとう」と何度も言いながら、落ちないように手すりにつかまりながらその横を上がっていきました。

私が上に着いたとき、ちょうどホームに電車が入ってきたので「よかった」と、その様子を横目に電車に飛び乗りました。車内は空いていたので、席に座ったところ、たくさんの人が続けて駆け込んできました。

出発のアナウンスとともに扉が閉まろうとした瞬間、ドア付近に立っていた一人の青年が、閉まる扉を足で押さえたのです。禁止行為ではありますが、走ってくる人たちのためにこうやって扉を押さえてくれる優しい人もニューヨークにはいます。

誰が走ってくるのだろうと、人の隙間から扉のほうに目をやると、先ほどの老夫婦が重い荷物を提げて必死で走っていました。それを目にしたドア付近の青年は、彼らを電車に乗せてあげたかったのですね。

扉が閉まらない理由が分からない車掌さんは、何度も扉を開けたり閉めたりしています。そのとき、二人はようやく電車に乗り込み、扉を押さえてくれた青年の手を握り、「ありがとう、ありがとう」と深々と頭を下げました。

発車と同時に動きだした車両は大きく揺れ、荷物を提げた老夫婦が立っているのは危険でした。席を譲ってあげようと立ち上がろうとした瞬間、扉の横に座っていた別の青年が「どうぞ」と言って席を立ったのです。すると、その隣に座っていた青年も席を立ち、二人に席を譲りました。

電車に駆け込み、息切れしていた老夫婦は、混んだ車内で席に座ることができ「ありがとう、ありがとう」と、再び二人に向かって何度もお礼を言いました。

エスカレーターを上っているときから偶然、事の成り行きのすべてを見守っていた私は、ニューヨークに住む人々の小さな優しさを目の当たりにし、胸が熱くなりました。大荷物を提げて二人だけで電車を乗り継ぎどこかに向かうのは、さぞかし不安だったと思うのです。でも、幸いにも、優しい人たちの小さな思いやりに助けられて、無事電車を乗り継ぎ、安全な席に座ることができました。

私は何の手助けもできませんでしたが、本当によかったと老夫婦に視線を向けると、お二人の目から大粒の涙がポロポロこぼれていたのです。静かに黙って座りながら、涙を流されていました。ほんのわずかな時間の間に、四人の青年から小さな優しさと思いやりを与えられ、本当にうれしかったのでしょう。

私もその光景を目にして大都会の優しさに涙がこぼれました。優しい青年四人は同じ電車に乗り合わせ、気づかぬそぶりでクールにキメながらも、お二人の涙に気づき、自分の小さな優しさが役立ってよかったと感じていたと思います。

優しい気持ちを持ち続ける

子どもには「困っている人がいたら助けなさい」「人には優しく、思いやりを持ちなさい」と言いながら、大人になると妙な気恥ずかしさが邪魔をして、躊躇《ちゅうちょ》してしまう人も多いのではないでしょうか。

また、親切に声をかけても、つっけんどんに拒否された経験があると、人に優しくしたり、思いやりを向けたりすることに臆病になることもあるでしょう。

高齢化社会の日本では、席に座りたいと思う反面、いざ譲られると「自分は席を譲られるほど年寄りの老いぼれに見えたのか……」と、落ち込む人もいるようです。

時に、親切をきっぱり断る人もいるようですが、あなたの優しさや思いやりは十分伝わっています。席を譲られた当人はうれしい反面、プライドがそれを受けつけなかったという話なのですね。

断られたときは、そっと優しくその人の思いを受け入れ尊重してあげましょう。誰でも年寄り扱いはされたくないものです。「おばあちゃん、おじいちゃん」と、自分の孫以外からは呼ばれたくないものなのです。

とはいえ、たとえ辞退され続けても、年長者に席を譲るという優しい気持ちはいつも大切に持っていたいものですね。年長者以外にも、体調を崩している人や足腰を痛めている人、お子様連れの人など、席を必要としている人はたくさんいます。

声をかけることを躊躇してしまうかもしれませんが、**あなたの小さな優しさは連鎖反応を起こし、誰もが優しい社会につながっていきます。**電車に限らず、日常生活の中で、どこかに自分の小さな親切や優しさを必要としている人がいないか、周囲に配慮できる人になりましょう。

数えきれない優しさを与えてくれたニューヨーク

ふと思い起こせば、私もニューヨークでたくさんの優しさや親切に助けられてきました。郵便局にお財布を忘れて出かけたら、いつもの担当窓口の人が自分のお財布から立て替えてくれたり、地下鉄の改札で定期券を探していたら、改札から出てきた人がウインクをしながら自分の回数券を機械に通して改札内に入れてくれたり、傘を持たない日に雨に濡れて横断歩道の信号待ちをしていたら、横に立っていた人が傘の中に入れてくれたり……。他にも、数えきれないほどの優しさを与えてもらいました。

そんな自分の経験からも、ニューヨークは、優しさを出し惜しみしない街だと感じます。いつも誰かが誰かに、優しく親切に接している街です。

思いやりや優しさを出し惜しみしない人は、自分を信じている人でもあります。自分の行いがその人の幸せに通じると信じるからこそ、優しくなれるのですよね。**あなたの小さな思いやりや優しさは、誰かを必ず幸せにします。そしてそれは、自分を幸せにすることでもあります。**

誰に対しても、どんなときでも、優しさや思いやりを大切に、出し惜しみなく捧げることができる人になっていきたいですね。

思いやりや優しさは出し惜しみしない。

夢を現実にする永遠不変の法則

「この先、私の人生はどうなるのだろう……」。こんな不安が突然押し寄せ、心がざわつくことはありませんか？

周囲の誰もがすでに目標にたどり着き、幸せに人生を歩んでいるように見えてしまう。自分だけ取り残されたような気分になって落ち込み、焦りがつのってしまう。

この不安や焦りの原因は、あなたが無意識に自分と他人とを比較し、その他人があなたの心の中に大きく存在しているからです。

人は、自分の立ち位置や幸福度をはかるために、気になる人の動向を見てしまうことがあります。そして、自分よりもはるか先を歩き、夢を実現しているような姿が目に映ると、焦ったり、劣等感を感じたり、不安に包まれたりしてしまうのです。

けれど、スタート地点や目的地など、何もかもが違う他人と自分とを比較して落ち込んだり、焦ったりするのは無意味です。

比較の対象は他人ではなく、常に自分自身でなければなりません。昨日の自分と今日の自分、今日の自分と明日の自分、その比較の中で憂鬱になったり不安になるとしたら、それはあなたが自分の人生を生きているという証拠です。

自分と他人を比較しない――これがネガティブの渦に巻き込まれない、永遠不変の法則です。

人生は人それぞれ違います。最短距離で目的地に到達する人もいれば、遠回りで到達する人もいます。早く到達した人は、時間というかけがえのない宝物を手にし、遠回りで到達した人は、道中に出合ったたくさんの経験や学びという宝物を手にします。どちらにもうれしい宝物が用意されていますが、大切なのは、目的地にたどり着くことで、早い遅い、手にした宝物は何かといった比較や競争ではないのです。

信念を持つ

ここで、あなたが夢を叶えるため、目的地にたどり着くために大切にしていること

を書き出してみましょう。ちなみに私の例をあげると、

・絶対に成しとげると、強く望む
・何があってもあきらめない
・粘り強く取り組む
・ブレない軸を持つ
・夢にたどり着くことを楽しみにする

他にもたくさんありますが、ポイントはすべて同じで、「信念」を持つことです。自分のやっていることや、やりたいことを自分で信じる。たとえ誰も信じてくれなくても、誰も応援してくれなくても、自分で自分を信じることです。

ここで気をつけたいのは、自分を信じるというのは「頑固《がんこ》」になることではないということです。「信念を曲げない」「信念を貫《つらぬ》き通す」という言葉がありますが、目的地にたどり着くためには、「柔軟」でなければなりません。他人の意見を受け入れないといった頑固な態度をとるのではなく、あらゆる工夫を試みることが大切です。

オリジナルの地図をつくる

夢や目標を叶え、目的地にたどり着くために、もうひとつ大切なものがあります。それは「地図を持つ」ことです。**夢や目標は何なのか、どこに到達したいのか、そのためには何が必要でどういう経路で進めばいいのかを書いた自分だけの地図**です。

他人の動向を気にしながら書いたものでも、他人の地図のコピーでもありません。あなたが自分で描いた地図です。

地図は「時系列でとらえるＴｏ－Ｄｏリスト」のようなものです。

「特性要因図」をご存じですか？　魚の骨のようなデザインから「フィッシュボーン・チャート」とも呼ばれます（どんな形か興味のある方はぜひ調べてみてください。ネットで検索するとたくさん出てきます）。

まず、真っ白い紙の左端の真ん中に今の地点を示す○印、そして右端の真ん中にあなたの夢や目標を書きましょう。右端に書くのは、たとえば、「オーストラリアに留学する」「女性を幸せにする新しい商品を開発する」「エステティシャンになる」などです。1枚の紙に書く夢や目標はひとつです。

夢や目標が書けたら、左端の今の地点から、右端の夢・目標までを1本の線で結びます。そして、その線にたくさんの枝を描き、その先端に夢や目標に到達するためにすべきことを時系列で記入します。先に取りかかることが左側にくるわけですね。

その枝の先に書いたことを達成するために、さらにすべきことが出てきた場合は、枝に小枝を描き、その内容を記入します。やり遂げたことは二重線で消し、さらにすべきことに気づいた場合は、新たに地図に書き込んでいきます。左側に書き込んだことが二重線で消され、自分の地点が右側に近づいているということは、夢・目標に近づいているということです。

この地図が描けていると、今の自分の位置がいつも確認でき、するべきことを漏《も》れなくチェックできます。

時に、今していることは何のためなのか、知らず知らずのうちに目的を見失い、士気が低下することがあります。そんなときも、全体をとらえる地図があると、今していることは将来につながると分かるので、早まった判断や間違った判断をすることがなくなります。進むべき方向を正しく把握するためにも大切な地図です。

地図ができたら、全体をとらえながら、明日の到達地点と、どうすればそこにたどり着けるかということを考えましょう。

こうして、一歩一歩着実に進むことが、夢や目標にたどり着く方法です。自分の地図がしっかり描かれていれば、毎日地図を広げるのが楽しみになり、どんな嵐に見舞われても、目指す地点を見失うことはありません。

信念と地図を持ちながら柔軟に生きる。

「自分と他人を比較しない」という永遠不変の法則を忘れずに、柔軟にしなるけれどボキッと折れない「信念」を持ち、毎日広げるのが楽しみになるあなたがつくった「地図」があれば、いつも自分らしく輝いていられます。

夢に向かう道中で、たとえ逆境に見舞われても輝きを失うことなく、自分を信じて歩みましょう。

すべての試練は幸せに続いている

失敗は成功に続くと分かっていても、やはり失敗した後というのは落ち込むものですよね。落ちたらあとは這《は》い上がるだけだと分かっていても、立ち上がる元気が湧いてこない。また、失敗もないけれど成功もない、何の変化もない日常に不安を感じ、ふとあたりを見回すと、誰もが幸せそう。そんな彼らの笑顔を見ていると、空虚な気持ちに包まれ涙があふれてくる。

生きていれば、こんなふうに、突然気持ちがストーンと落ちてしまうときもあります。でも、絶望的になってはいけません。たとえ最悪な事態が続いても、悲観的になってはダメです。ネガティブに考えるのもいけません。

失敗や挫折、迷いやあきらめ、これらのことを乗り越えれば乗り越えるほど、人は強く成長します。そしてつらい経験が多ければ多いほど、心の優しい美しい人に成長できるものです。

どんなときも「幸せになるのはこれからだよ」と自分にメッセージを送ることを忘れないでくださいね。すべての試練は幸せに続いているのですから。

明日は必ずよくなる！　私は大丈夫！

ニューヨークに住み始めて間もない頃、夜自宅に戻ってみると、近所にたくさんの消防車が集まり大変な状況でした。いったいどこが火事なのだろうと思っていたら、なんと私のアパートでした。

火事ですべてが焼けて困るのは当然ですが、もし転居が必要となれば、住まい探しや引っ越し、諸手続きで貴重な時間が奪われるかもしれないと考えると、絶望的な気分に包まれました。今夜は当然家に入れそうもない、ここで見物していてもしょうがないと、あらゆる思いを潔く断ち切って、すぐにホテルを手配しました。12月の、雪が降る寒い日の出来事です。

タクシーをつかまえてホテルに向かう道中、キラキラ美しく輝く街を楽しそうに歩いている人々を眺めながら、火事で焼け出されたかわいそうな自分に泣けてくるのかと思ったら、なんと「こんなこともあるさ。明日は絶対よくなる！　私は大丈夫！」と自分にエールを送る私がいたのです。

本当に何でも気持ちの持ち方次第です。大丈夫と思えば大丈夫。大丈夫じゃないと思えば、大丈夫じゃないのですよね。

その晩、ホテルで夕食をとり、フラッと入ったショップで見つけたのが「ハーブボール」でした。ハーブをガーゼのタオルにくるんだ、てるてる坊主のような形のもので、温めてお風呂に浸かりながら顔や体をマッサージすると、とても気持ちがいいのです。

私は、早速それを購入してルームサービスに電話をし、熱湯を持ってきてもらいました。熱湯に浸して柔らかくしている間にバスタブにお湯を張り、備えつけのバスソルトをバスタブに入れ、温まったハーブボールをおでこの上に乗せて、ゆったりリラックスしました。

バスルームに広がるハーブの香りに癒やされながら、自分の家が火事にあったことなどすっかり忘れて、気持ちを切り替えることができました。

火事が教えてくれたポジティブメッセージ

翌朝アパートに戻ってみると、建物に火災の跡は残っていましたが、火災現場と反対側の私の部屋は全く燃えていないとドアマンが教えてくれました。ただ、建物全体にかなりの放水があったので、水浸しかどうかは入ってみないと分からない、そして被害状況がどれほどだったかの確認は今日行われるとのこと。

恐る恐る部屋に入ってみると、なんと部屋の物は何ひとつ水をかぶっていなかったのです。「私は大丈夫！」と自分に送ったメッセージが威力を発揮したのを感じました。そこでパパッと身支度を整え、大急ぎでホテルに戻ってチェックアウトをし、そのまま仕事場へ向かいました。いつもと同じように仕事をこなし、夜は自宅のアパートにいつも通り戻ることができました。

仕事の帰り道、幸せな気持ちで包み込んでくれる可愛いピンクのバラの花束を自分に買いました。バラのいい香りでお部屋を満たし、元気をもらうためです。

何があっても絶望的になってはダメ。ネガティブな気持ちはネガティブしか運んで

こないものだと、この出来事で痛感しました。

物事は、ネガティブにもポジティブにもとらえることができます。たとえば、ニューヨークから東京への直行便飛行時間は約13時間。飛行経路を半分経過した時点で、「まだ6時間もかかる」とネガティブにとらえることもできれば、「たったの6時間で大好きな日本に到着できる！」とポジティブにワクワクすることもできますよね。

物事をポジティブにとらえるには、自分で意識して訓練することです。もし、あなたが物事を悲観的に考えすぎる傾向があるなら、意識して「これはポジティブにとらえるとどうなるかな？」と自分に問いかけてみるクセをつけましょう。そうすることで、柔軟にとらえられる人に変わっていけます。

人生はこの先もまだまだ続きます。いいこともあれば、悪いこともある。その組み合わせが人生です。「幸せになるのはこれからよ！」と自分にメッセージを送り続けましょう。その先には、バラ色に包まれた人生が待っていますよ！

どんなこともポジティブにとらえる練習を。

自分をまるごと信じて生きる

自分を信じる。それを難しく感じていらっしゃいますか？

自分を信じるのに大切なのは、自分と他人を比較しないこと。人との違いを恐れず自分の個性を大切に自分らしく生きること。どんな逆境の中でもあきらめずに努力すること。信念を持つこと。

そして、成功や失敗、うれしいことや悲しいこと、誇れる気持ちや劣等感、自慢したくなることやコンプレックスなど、これまでに起こったすべての経験を糧に人生を歩んでいくことが、自分を信じることにつながっていきます。

しかし、その経験の中でつらい出来事にあい、ネガティブな気持ちに包まれ、自分を信じることができない、自信が持てないという人もいるでしょう。

たとえば、兄弟姉妹と比較されて育ったがために常に劣等感が消えず、「私はダメ、劣る」という暗示から抜け出せなかったり、過去の大失恋から「私なんてどうせ誰からも愛されない」と自信喪失してしまったり。

自分の意見を述べると周囲の人が必ず顔をしかめるように感じ、「私はいつも間違っているのでは……」と自分を卑下してしまったり、周りの女性たちが自分よりもキレイに見えて、鏡に映る自分の顔にコンプレックスを感じてしまったり。

このような出来事を経験すると、それがいつまでも心の中の大きなウェイトを占め、自分を支配してしまうことがあります。

自分に問いかけて、自分を諭《さと》す

私が心から尊敬する、故ネルソン・マンデラ氏の言葉に、自分を信じる一歩を踏み出すヒントがあります。

ノーベル平和賞を受賞されたマンデラ氏は、アパルトヘイト（人種隔離政策）と戦い、27年もの獄中生活を経て人種間の融和に尽くされました。1994年の、マンデラ氏の南アフリカ共和国大統領就任演説の一節です。

我々は自分に問いかける。
自分ごときが賢く、優雅で美しく
才能あふれた素晴らしい人間であろうはずがないではないか？
だが、そうあってはなぜいけない？

白人優位の人種差別の政策の中で闘いながら生きてこられた方のこの言葉を聞いたとき、大粒の涙がこぼれました。自分を信じること、希望を持つことから遠くかけ離れて生きざるを得なかった国民へのメッセージは、私たちの心にも響きます。

「自分に問いかけてみる」、これが大切なのです。過去のつらい出来事やトラウマで自分を洗脳してしまうのではなく、「本当にそう思ってるの？」と問いかけることです。そしてその問いかけの中で、「そうじゃないでしょ」と自分を優しく諭してあげる。そんな勇気と強さを持つことです。

自分らしい生き方は、自分を信じることから始まります。

誰も信じてくれなくても、自分が自分を信じていれば、どんな逆境も乗り越えて進

んでいけるものです。「私ならできる。私なら大丈夫」。そう自分に声をかけながら、粘り強く努力を続けましょう。成功すれば心から喜び、失敗すればまた自分に声がけし、自分で自分を励ましながらがんばり続ける。これが自分をまるごと信じて生きるということです。

自分を信じるということは、自分の行動や発言に責任を持つということでもあります。失敗は、誰の責任でもなく１００％自分の責任です。これが、自分の人生を自分の責任で生きるということなのですね。泣くのも笑うのも自分。大きく生きるとは、こういうことです。

プラスもあればマイナスもある、それが人生

私は自分を信じてニューヨークに飛び立ち、今も自分を信じて自分の人生を生きています。絶望的な出来事に見舞われたり、自分の不運を呪いたくなる出来事もありましたが、これが人生、自分の経験すべてが今の自分をつくり、自分を信じて生きていく源になっていると日々実感しています。今では、試練を乗り越えた日を楽しみに前

進できる人に成長しました。

うれしいことがたくさんあれば、幸せ。つらく厳しい出来事に見舞われたときは、それを乗り越える。そうして生きることで、人は強くなれます。

プラスもあればマイナスもある。春が来れば冬も来る。リフトでラクラク山に登れる日もあれば、落ちた崖から傷を負って這い上がる日もある。これが人生なのですよね。あなただけではなく、世界中の人はみな同じです。

そんな人生を自分らしくキラッと輝きながら生きていくのに大切なのが、自分を信じること、自尊心を持つことです。

周囲と比較して気にしたり、無意味な競争に巻きこまれたりせず、自分の個性を大切に、自分のペースで自分の人生を歩んでいきましょう。

「私なら絶対できる！」そう信じましょう。あなたなら絶対できます！

どんなときも、ただただ自分を信じる。

おわりに

前著『ニューヨークの女性の「強く美しく」生きる方法』を刊行して以来、数えきれないほど、たくさんの方からのメッセージをいただきました。

生き方に迷い、自分の居場所を見失っているときに、元気とパワー、前に進む勇気や自分を大切にする勇気をもらったという主婦の方、毎日カバンに入れて、何度も読み返すほどの愛読書にしてくださった会社員の方、授業中にこっそり読んでいたら先生に見つかり没収、謝りに行ったら「いい本を読んでいるんだね」と褒められた学生さん、病の床で読み、元気になったら人生を楽しもうと闘病生活を明るく乗り越えられるようになったという方、本の中の言葉が優しく背中を押し、人生の決断を自分で下せたという方……。

そして、「この本は、人生のバイブルであり、お守り」と呼んでくださるうれしい感想をたくさんの方からいただきました。

皆さまの心温まるメッセージは、地球の反対側ニューヨークに住む私をどれほどの感動で包み込んでくれたか、言葉には表せないほどです。ありがとうございます。

本書を含め、私のメッセージがあなたの心に響くのは、あなたが透き通るような美しい素直な心を持っているからです。この先、人生の荒波にもまれても、その心は、透き通る輝きのまま、ずっと大切にしてくださいね。

最後に、いつも春風のような笑顔と優しさで見守ってくれる私の大好きな父と母、そして、本書を一緒に作り上げてくださった大和書房の鈴木萌さん、(株)チア・アップのＲＩＫＡさん、本当にありがとうございました。

また、本書を最後までお読みくださった皆さま、いつも私や「Erica in Style」を応援してくださっている皆さまに、心からの感謝を込めて。

２０１４年12月　ニューヨークにて　エリカ

文庫版あとがき

本書の単行本の出版から今日まで４年の歳月が経過し、その間、社会も大きく変わりました。

特に、ＳＮＳの目覚ましい進化や普及により、他人の動向や気になる人の日常が容易に目に留まってしまうことが挙げられます。「比較意識」を持たないことが確立されていれば、どうってことの無いことですが、そうでない場合は心をかき乱されてしまいます。

「人と自分を比べない生き方」を大切にすることで、周囲に巻き込まれず、いつも自分らしく輝きながら生きていくことができます。

私の大好きな言葉に「Shine your light.（あなたの光を輝かせなさい）」があります。

誰もが自分の中に輝く光を持っています。人生がうまくいっていないときなど、ついくすぶってしまい、「どうせ自分なんて……」とグレーな気分で自分を覆いがちです。そんなとき、自分には輝く光があることを忘れないでくださいね。

また、自分の光や輝きを誰かに認めてもらおう、気づいてもらおうと考えるのではなく、自分の進む道を照らす光であり、傷ついている誰かの心を温かく包み込む光だと考えられたら、それが最高です。

あなたの中の光が美しく輝き続けることを、ニューヨークから願っています。

最後に、いつも見守ってくれる私の父と母、そして本書を一緒に作り上げて下さった大和書房の鈴木萌さん、本当にありがとうございました。

また、本書を最後までお読みくださった皆さま、いつも私を応援してくださっている皆さまに、心からの感謝を込めて。

２０１９年2月　ニューヨークにて　エリカ

本作品は小社より二〇一四年一二月に刊行されました。

エリカ（Erica Miyasaka）

世界一生きるのが厳しい街と言われるニューヨークで、夢の実現に向け、強く美しく、男よりも男前に生きる起業家。日系、外資系企業にてビジネスの土台を築き、ボストンに留学。２００３年に単身ニューヨークへ。ファッションコンサルティング会社のパートナーとして、ファッションと経営の仕事に携わりながら、自分らしく、自分の人生を生きる大切さを学ぶ。２０１０年、ニューヨークで起業。

日米にて意匠権３つ取得の新機能レッグウェアを開発、グローバル展開を果たす。２０１７年、ブランドを売却し、エグジットを果たす。起業家として次なる事業の立ち上げに着手、再びゼロからスタート。

『ニューヨークの女性の「強く美しく」生きる方法』、『ニューヨークの美しい人をつくる「時間の使い方」』（いずれも大和書房）、『ニューヨークで美しく輝く人がやっている「本当の私」を見つける73の質問』（宝島社）など著書多数。

だいわ文庫

ニューヨークの女性《じょせい》の「自分《じぶん》を信《しん》じて輝《かがや》く」方法《ほうほう》

著者　エリカ

二〇一九年二月一五日第一刷発行

発行者　佐藤靖
発行所　大和《だいわ》書房
東京都文京区関口一―三三―四　〒一一二―〇〇一四
電話　〇三―三二〇三―四五一一

フォーマットデザイン　鈴木成一デザイン室
編集協力　RIKA（チア・アップ）
本文デザイン　高瀬はるか
本文イラスト　石村紗貴子
本文写真　エリカ
本文印刷　信毎書籍印刷　カバー印刷　山一印刷
製本　小泉製本

ISBN978-4-479-30742-6

http://www.daiwashobo.co.jp

だいわ文庫の好評既刊

＊曽根翔太
考える雑学
国語、英語、数学、理科、社会、体育、家庭科など、中学の科目から出題する約150の雑学の謎。知識はもちろん楽しく知能を鍛える！
680円
362-1 E

村尾隆介
安売りしない会社はどこで努力しているか？
大企業にできないアイデアで、価格を下げずにヒット商品を生み出した会社の実例を多数紹介！購買を決定づけるポイントも徹底解説！
680円
363-1 G

＊北山哲
科学が解いた⁉
世界の謎と不思議の事件ファイル
大洪水と方舟は実在した？ ポルターガイストの原因は？ トリノの聖骸布の信憑性は？伝説、伝承、謎多き事件を科学で読み解く！
680円
364-1 C

エリカ
ニューヨークの女性の「強く美しく」生きる方法
意地悪は称賛と捉える、人と違うことを恐れない——人生を思い切り味わう彼女たちの生き方。
680円
365-1 D

長谷川朋美
やりたいことを全部やる人生
仕事ができる美人の43の秘密
高校中退、元109カリスマ店員から22歳で起業、8年間で6店舗のサロン経営。33歳女性起業家による世界一楽しい夢の叶え方。
680円
366-1 D

＊茂木貞純
日本の神様 ご利益事典
知っているようで知らない八百万神の履歴書
学問の神様、縁結びの神様、厄除けの神様、立身出世・商売繁盛の神様…個性豊かな神々の起源と性格、逸話、ご利益がわかる本！
740円
367-1 E

＊印は書き下ろし

表示価格はすべて本体価格（税別）です。本体価格は変更することがあります。